. . . .

A ESSÊNCIA DA

Motivação

Os Objetivos, a Filosofia e a Missão da Editora Martin Claret

O principal Objetivo da MARTIN CLARET é continuar a desenvolver uma grande e poderosa empresa editorial brasileira, para melhor servir a seus leitores.

A Filosofia de trabalho da MARTIN CLARET consiste em criar, inovar, produzir e distribuir, sinergicamente, livros da melhor qualidade editorial e gráfica, para o maior número de leitores e por um preço economicamente acessível.

A Missão da MARTIN CLARET é conscientizar e motivar as pessoas a desenvolver e utilizar o seu pleno potencial espiritual, mental, emocional e social.

A MARTIN CLARET está empenhada em contribuir para a difusão da educação e da cultura, por meio da democratização do livro, usando todos os canais ortodoxos e heterodoxos de comercialização.

A MARTIN CLARET, em sua missão empresarial, acredita na verdadeira função do livro: o livro muda as pessoas.

A MARTIN CLARET, em sua vocação educacional, deseja, por meio do livro, claretizar, otimizar e iluminar a vida das pessoas.

Revolucione-se: leia mais para ser mais!

MARTIN CLARET

Coleção Pensamentos e Textos de Sabedoria

A Essência da Motivação

A Essência da Sabedoria dos Grandes Gênios de Todos os Tempos

Martin Claret

Créditos

IDEALIZAÇÃO E COORDENAÇÃO
Martin Claret

CAPA
A Senhorinha Rivière (detalhe),
Auguste Domingues Ingres
(Ver pág. 125)

MIOLO
Revisão
Rosana Gilioli Citino

Direção de Arte
José Duarte T. de Castro

Digitação
Conceição A. Gatti Leonardo

Editoração Eletrônica
Editora Martin Claret

Fotolitos da Capa
OESP

Papel
Off-Set, 70g/m²

Impressão e Acabamento
Paulus Gráfica

EDITORA MARTIN CLARET
R. Alegrete, 62 – Bairro Sumaré – São Paulo-SP
CEP 01254-010 - Tel.: (11) 3672-8144 – Fax: (11) 3673-7146
www.martinclaret.com.br

Agradecemos a todos os nossos amigos e colaboradores — pessoas físicas e jurídicas — que deram as condições para que fosse possível a publicação deste livro.

Este livro foi impresso no verão de 2005.

Seja profeta de si mesmo

Martin Claret

"A função derradeira das profecias não é a de predizer o futuro, mas a de construí-lo."

Somos criaturas programáveis

*Caro leitor: não é por acaso que você está lendo este livro-*clipping. *Nada acontece por acaso. Tudo acontece por uma causa.*

Possivelmente a causa de você o estar lendo seja a sua vontade de obter mais informações ou expandir a sua consciência. A causa, também, pode ser a força da minha mentalização.

Cientistas, antropólogos, psicólogos e educadores têm afirmado que o ser humano é uma criatura culturalmente programada e programável.

Eis aí uma grande verdade.

Seu *hardware* e seu *software*

Nosso cérebro e nosso sistema nervoso — o nosso hardware *(a máquina) — é mais ou menos igual em todas as pessoas. A grande diferença que faz a diferença é o que está gravado ou programado no cérebro, isto é, o nosso* software *(o programa).*

Explicando de uma maneira extremamente simplificada, você tem três tipos de programação: 1ª- a programação genética (o instinto); 2ª- a programação sócio-cultural (família, amigos, escola, trabalho, líderes espirituais e políticos, livros, cinema, TVs, etc.); 3ª- a auto-programação ou a programação feita por você em você mesmo.

Na primeira programação você não tem nenhum controle; na segunda, tem controle parcial; e na terceira programação você tem controle total.

É fundamental que você saiba, conscientemente, controlar o terceiro tipo de programação, ou seja, a auto-programação.

Um método de autoprogramação humana

*Todos os livros-*clippings *da coleção* Pensamentos de Sabedoria *foram construídos para conduzir você a se autoprogramar para um estado de ser positivo, realístico e eficiente.*

Depois de longa pesquisa e vivência — análise e intuição — concluí que há, e sempre houve, um método simples e seguro de autoprogramação.

As informações adquiridas através da leitura de "historinhas", parábolas, fábulas, metáforas, aforismos, máximas, pensamentos, etc., podem, eventualmente, atingir seu subconsciente sem passar pelo crivo do consciente analítico e bloqueador. Esta prática permite, sem grande esforço, implantar em seu sistema automático perseguidor de objetivos uma programação incrivelmente podero-

sa e geradora de ação.

Sabemos — o grande objetivo da educação não é apenas o saber, *mas a* ação.

Um dos maiores Mestres de nosso tempo e um gênio na Arte de Viver, formalizou com incrível simplicidade este princípio quando ensinou: "Pedi e vos será dado; buscai e achareis; batei e vos será aberto. Pois todo o que pede, recebe; o que busca, acha; e ao que bate, se abrirá".

Hoje, em plena era da informática, com a conseqüente revolução da comunicação, estamos compreendendo esses eficientes recursos que temos inerentemente dentro de nós.

Um livro "vivo" e motivador

A coleção Pensamentos de Sabedoria *foi idealizada e construída para nos programar (autoprogramar) para a plenitude da vida. São 72 volumes de 112/128 páginas, no formato de bolso 11,5 x 18 cm com textos essencializados, de alta qualidade gráfica, periodicidade mensal, baixo custo e distribuição em nível nacional.*

Este livro começa onde o leitor o abrir. Ele não tem início nem fim. Pode continuar na nossa imaginação.

A essência da sabedoria dos grandes mestres espirituais, líderes políticos, educadores, filósofos, cientistas e empreendedores está aqui reunida de uma maneira compacta e didaticamente apresentada.

Buscamos a popularização do livro.

A foto e o pequeno perfil biográfico do autor de cada pensamento têm a função de facilitar a visualização do leitor. As "historinhas", ou "cápsulas" de informação, estão apresentadas com extrema concisão. As principais emoções e os mais importantes assuntos do conhecimento humano estão presentes nos 72 volumes. Cada título da coleção Pensamentos de Sabedoria *é um livro "vivo", motivador e transformador. Oferecemos o livroterapia.*

Uma paixão invencível

Minha permanente paixão cultural (já o disse em outros trabalhos) é ajudar as pessoas a se auto-ajudarem. Acredito ser esta minha principal vocação e missão. Quero "claretizar" as pessoas, ou seja, orientá-las no sentido de que vivam plenamente e tenham uma visão univérsica do mundo. Que sejam e que vivam harmonizadamente polarizadas.

Você tem o poder de genializar-se.

Este é o meu convite e o meu desafio lançado a você, leitor. Participe do "Projeto Sabedoria" e seja uma pessoa cosmo-pensada e auto-realizada.

"Pensar que É faz realmente SER".

Leitor amigo: vamos, juntos, construir uma poderosa força sinérgica para o nosso desenvolvimento pessoal e para o desenvolvimento de todas as pessoas de boa vontade.

Comece rompendo seus limites, modelando os grandes gênios. Visualize-se como já sendo "um vencedor do mundo".

Seja profeta de si mesmo.

JOSÉ DA SILVA MARTINS - Escritor e empresário, nascido em Braga (Vila Verde), Portugal. Por vários anos foi presidente de importante indústria francesa no Brasil. Está no *Guiness Book*, o livro dos recordes, como o escritor brasileiro mais idoso por publicar seu primeiro livro, *Sabedoria e Felicidade*, aos 84 anos de idade. É autor, também, dos livros: *Santo Antônio de Lisboa, de Coimbra, de Pádua e de Todo o Mundo* e *Bach, sua Vida e o Cravo Bem-Temperado*. (1898 -)

"Eu sou feliz. Tenho saúde, juventude de espírito, gênio, poder e amor. Tenho tudo o que possa fazer feliz um homem, não pelos dons que o destino me outorgou, mas em razão de todos esses dons dimanarem da minha vida interior, criados por mim mesmo, da minha própria substância — criados da minha vontade poderosa e indomável."

Motivação

Nova Enciclopédia Barsa

Função caracteristicamente sensorial, a motivação recebe dos sentidos as informações e condições que suscitam, conservam e dirigem o comportamento de homens e animais.

Motivação é o conjunto de fatores que impulsionam o comportamento do ser humano ou de outros animais para a realização de um objetivo. Manifesta-se como resposta a estímulos internos e externos. Os motivos podem ser classificados em primários, ou básicos, que não são aprendidos e são comuns tanto aos animais quanto aos homens (fome, sede, impulso sexual, etc.); e secundários, ou aprendidos, que diferem de animal para animal, e de pessoa para pessoa (desejo de realização, de poder, etc.).

História. Durante muito tempo, os filósofos identificaram nos desejos e necessidades do homem os elementos fundamentais da personalidade. Foi, porém, a aplicação das teorias de Charles Darwin que fez progredir o estudo da motivação. Os pesquisadores descobriram duas importantes correlações entre as idéias de Darwin e a motivação: a primeira refere-se ao fato de que o homem, como membro do reino animal é parcialmente governado pelos instintos de sobrevivência e reprodução; a segunda mostra que, a exemplo do que ocorre com as características físicas, as características comportamentais humanas também podem ser analisadas do ponto de vista da evolução.

Por volta do final do século 19, os estudiosos da psicologia consideravam quase todo comportamento humano como instintivo. Essas idéias perderam força, no entanto, quando a experiência começou a demonstrar que comportamentos tradicionalmente tidos como inatos estavam sujeitos a modificações pelo aprendizado e pela experiência. Entre as teorias surgidas para explicar as descobertas clínicas e experimentais no campo da motivação destacaram-se a psicanálise, a teoria do impulso e a teoria gestaltista.

Teorias. Pressupondo que o comportamento humano é basicamente motivado por impulsos instintivos, a teoria psicanalítica interessou-se pela natureza inconsciente das motivações. Freud propôs a existência de dois tipos de motivações básicas: as motivações identificadas com Eros, responsável pelas pulsões de autoconservação e sexuais propriamente ditas; e as que se ligam a Tanatos, ou pulsões interiores de autodestruição e exteriores de agressão ou destruição.

Segundo a teoria do impulso, a homeostase regularia o corpo, para mantê-lo numa situação interna de equilíbrio. Os motivos homeostáticos seriam ativados sempre que as condições internas do organismo atingissem um estado de desequilíbrio. Dessa forma, a queda de energia leva a um impulso de fome, que levará, por sua vez, à busca de alimento.

A teoria gestaltista concentrou-se no estudo dos processos perceptuais e conceituais, concluindo que o motivo sensibiliza a pessoa nas áreas cognitivas a ele relacionadas. Uma pessoa carente de realizações tende a reconhecer as palavras ligadas a esse objetivo ao vê-las ou ouvi-las; um faminto privilegia os estímulos alimentares em detrimento dos demais.

(In: *Nova Enciclopédia Barsa,* Vol. 10, Encyclopaedia Britannica do Brasil Publicações, Rio/São Paulo, 1997.)

BLAISE PASCAL - Filósofo, matemático e físico francês. Com suas teorias filosóficas de impacto, entrou em conflito com a poderosa Ordem dos Jesuítas no século 17. Escreveu várias obras, e entre elas a mais popular é *Os Pensamentos*. Construiu a máquina aritmética e deixou vários trabalhos sobre geometria e aritmética. (1625 - 1662)

"O prazer dos grandes homens consiste em poder tornar os outros mais felizes."

Motivar é ouvir

Luiz A. Marins Filho, Ph. D.

Nesta semana, experimente fazer uma coisa que todos os mais modernos livros de administração e gestão empresarial estão novamente enfatizando: OUÇA!

Experimente falar menos e OUVIR MAIS.

Só ouvindo atentamente o que seus subordinados tem a dizer, é que você, como executivo, poderá tomar decisões cada vez mais acertadas. O processo decisório é um processo de informação. Numa hierarquia, sobem INFORMAÇÕES e descem DECISÕES.

Comprovadamente, muitas decisões tomadas se mostram erradas pela falta de capacidade de OUVIR dos chefes, supervisores, gerentes e diretores. Chefes antiquados estão acostumados a "fazer discursos" e a "pontificar" sobre o que é certo e o que é errado. Hoje, na verdade, é preciso cada vez mais conseguir a participação das pessoas que estão em contato diário com os operários, os clientes, os fornecedores, etc. Essas pessoas têm mais condições de falar e dizer o que realmente é importante para que a empresa cresça e se desenvolva. O projeto "Taurus" da Ford americana, um dos maiores sucessos de vendas até hoje, foi desenvolvido a partir do momento em que a empresa decidiu OUVIR as pessoas dos níveis mais baixos. As opiniões foram tão sensatas que sua implementação foi simples e o sucesso surpreendente.

Saia da sua sala ou gabinete
e vá OUVIR as pessoas com quem trabalha.
Faça perguntas. Saiba o que elas estão fazendo.
Questione.
MOTIVAR É PRINCIPALMENTE OUVIR.
Boa Semana! Sucesso!

Nota do Editor:

Doutor (Ph. D.) em Antropologia na Austrália e Pós-Doutorado em Macroeconomia em Londres, o Prof. Marins vem se dedicando ao estudo das empresas e desenvolvendo a Antropologia Empresarial.

Através da Anthropos Consulting, com filiais em São Paulo, Rio de Janeiro e Nova York, presta consultoria a inúmeras empresas nacionais e estrangeiras em planejamento, marketing e principalmente na adequação dos processos estratégicos e táticos de empresas em situações de mudança de ambiente de negócios, competitividade, qualidade e produtividade.

Realiza conferências e palestras no Brasil e no exterior principalmente desenvolvendo os aspectos de motivação no homem contemporâneo e é autor de mais de 14 títulos de fitas de vídeo (Commit - Vídeo Business) sobre diversos temas de gestão empresarial.

Autor dos seguintes livros:

- *Socorro! Tenho um Sócio* (11ª edição), Editora Harbra - 1985
- *Administrar, Hoje* (6ª edição), Editora Harbra - 1988
- *Help I've Got a Partner*, Londres/New York - Minerva Press - 1994

(In: *Socorro! Preciso de Motivação*, Luiz A . Marins Filho, Ph. D., Editora Harbra, São Paulo, 1997.)

HUBERTO ROHDEN - Filósofo e educador brasileiro. Nasceu na cidade catarinense de Tubarão. Escreveu cerca de 50 obras sobre religião, ciência e filosofia. Em Princeton, conheceu Einstein, quando lançou os alicerces para o movimento mundial da Filosofia Univérsica. É biógrafo de Einstein, Pascal, Gandhi, Jesus de Nazaré e Paulo de Tarso, entre outros. Seu livro mais conhecido é *De Alma para Alma*. (1893-1981)

“

A felicidade não existe fora de nós, onde geralmente a procuramos, mas dentro de nós, onde raramente a encontramos.

”

Lucro: uma motivação universal

Dr. Ômar Souki

O Ph. D. dr. Ômar Souki em seu livro Riqueza Infinita, *inspiradamente transcreve o conteúdo da célebre carta de autoria do Comandante Rolim, que ele havia encontrado no assento de um Fokker 100 da TAM, quando fizera um vôo de Belo Horizonte à Uberlândia.*

Pelo alto poder de motivação que o texto produz, transcrevemos, aqui para completo conhecimento de nossos leitores, a citada carta do Comandante Rolim:

[...]

Caso sua empresa seja agora pequena e tenha de enfrentar forte concorrência dos grandes, você pode se inspirar no exemplo de Rolim Adolfo Amaro, o Comandante Rolim, da TAM, Transportes Aéreos Regionais S/A. Este brilhante piloto de jatos e de empresas conseguiu colocar a TAM entre as empresas mais lucrativas e respeitadas do país. De pequena empresa de taxis aéreos, sob o comando de Rolim, a TAM passou a concorrer diretamente com as enormes companhias de aviação, e hoje fatura mais de 100 milhões de dólares por ano.

Durante um vôo que fiz de Belo Horizonte a Uberlândia, a bordo de um *Fokker 100* da TAM, encontrei no meu assento a seguinte carta do Comandante Rolim:

Prezado amigo,

Nada substitui o lucro.

Recentemente Dr. Mário Amato, apóstolo da livre iniciativa e da ética da gestão empresarial, presenteou-me com uma pequena coleção de livros, dentre eles um escrito pelo Sr. Konosuke Matsushita, presidente e fundador do grupo National/Panasonic, que se destacava pela simplicidade e profundidade de suas observações.

Chamou-me a atenção um dos capítulos no qual ele dizia que numa empresa administrada de forma deficitária economicamente, seus administradores deveriam demitir-se ou ser punidos.

Ao ficar com essas afirmações em minha mente por vários dias e, analisando-as sob os mais diversos ângulos, achei, por fim, que o Sr Matsushita tinha completa razão.

Administrei por vários anos e, não por culpa minha, uma empresa deficitária e agora vejo que a importância que se dá à busca contínua de lucros e ao seu correto direcionamento, firma gradativamente a empresa no mercado, o bem-estar de seus colaboradores e a satisfação de seus usuários.

Sou sempre obrigado a pensar que a TAM é um bem da comunidade. As suas ações servem apenas para me dar estabilidade na condução de sua gestão, mas é claro que ela é uma empresa do Brasil e contribui para enriquecer o patrimônio nacional.

Desta maneira, quanto mais satisfação ela puder dar à comunidade como um todo, seja através de seus usuários diretos, fornecedores e colaboradores, mais ela estará contribuindo para exercer o papel que lhe foi confiado por essa mesma comunidade.

Assim sendo, a cada dia que passa, concordo ainda mais com uma grande revista americana que, através de uma pesquisa nacional pelas empresas aéreas, quis indicar a companhia ideal para que os clientes pudessem fazer sua opção, já que cada uma delas privilegia um segmento de prestação de serviço. E indicou apenas uma — a que fosse lucrativa.

Vivendo como já vivi os dois lados dessa questão e, como conheço esse negócio em que estou engajado, minha opinião é a de que o sr. Matsushita conseguiu colocar com propriedade o pensamento que move os empreendedores que administram suas empresas com profunda visão ética e social, fazendo delas, como eu pessoalmente faço aqui na TAM, a razão máxima de suas vidas.

Por essa razão, dou total aval à importância macro do 1° Mandamento da TAM: "nada substitui o lucro".

Tenha uma boa viagem.

Assim como o Comandante Rolim fez uso de suas habilidades de empreendedor para produzir lucro na TAM e usou sua imaginação ao colocar essa carta no assento de cada um dos passageiros daquele vôo, você também poderá usar sua imaginação para produzir riquezas em sua vida.

Sua imaginação concentrada o levará inexoravelmente à obtenção de tudo que quiser na vida. O preço a pagar será sempre o de imaginar com absoluta convicção o que você quer, evitando contemplar o que não quer.

(In: *Riqueza Infinita,* Dr. Ômar Souki, Souki House Ltda., Belo Horizonte, 1997.)

O sorriso de Mona Lisa

Há quase quinhentos anos a humanidade contempla o sorriso mais enigmático do mundo. Este quadro é a obra-prima pictorial mais conhecida dos povos civilizados. Mas ninguém sabe explicar a estranha motivação que levou Leonardo da Vinci a estampá-lo no seu mais famoso retrato.

Uma teoria de motivação

Dr. Walter Doyle Staples

Todos os estudos motivacionais já realizados chegaram a mesma conclusão: *as pessoas se desempenham melhor em tarefas que elas mesmas estão motivadas para realizar.* Por que isso? Parece que a motivação é um mistério para a maioria das pessoas. Embora muito se tenha escrito a seu respeito, ela permanece pouco compreendida.

A motivação é comumente associada às empresas, mas na verdade ela afeta as relações humanas em qualquer organização ou grupo, seja uma família, uma escola ou a loja da esquina. Ela é importante para as Bandeirantes e os Escoteiros, assim como para as forças armadas ou a IBM. Qualquer um que seja responsável pelos resultados dos esforços de outras pessoas deve tentar instilar nelas uma motivação intrínseca, caso queira ter sucesso.

Motivação é uma contração da expressão "motivo-em-ação". Ela é a personificação de uma meta pela qual se luta, a busca de alguma coisa considerada desejável e válida.

A motivação é produzida dando-se a outra pessoa um ou mais motivos para fazer o que você lhe pede. Tome, por exemplo, um ladrão que aponta uma arma para a sua cabeça e grunhe: "A bolsa ou a vida!"

Ele lhe deu, instantaneamente, um motivo para fazer o que ele quer — seu desejo de permanecer vivo. Em outro nível, imagine-se sendo convidado por um grupo de cidadãos de prestígio a chefiar uma campanha nacional da United Way, cujo presidente honorário é o presidente dos Estados Unidos. Como no caso anterior, o grupo está lhe dando um ou mais motivos para fazer o que ele lhe pede; neste caso, seu desejo de receber o reconhecimento de pessoas que respeita e de servir os outros de forma significativa.

A abordagem de "cenoura e chicote" é tradicionalmente associada com aquele que é chamado de "homem econômico", uma expressão cunhada pelos economistas clássicos em busca de uma forma simplista para explicar o comportamento humano. O filósofo Alfred North Whitchead escreveu saudosamente, certa vez: "A beleza do homem econômico era que nós sabíamos exatamente do que ele estava atrás". Ele era retratado como uma criatura medrosa e tímida, que trabalhava somente porque tinha de sobreviver, embora fosse ao mesmo tempo considerada gananciosa e oportunista, sempre ansiosa para adquirir mais benefícios materiais que o mundo tinha a oferecer.

Peter Drucker, saudado hoje como o pai da administração moderna, publicou em 1939 um livro intitulado *The End of Economic Man*, no qual refutava a alegação de que o egoísmo econômico era a poderosa força na dinâmica humana, defendida pelos economistas clássicos. "Nada sabemos a respeito de motivação. Tudo o que podemos fazer é escrever livros sobre ela", disse ele. Sua visão pode ser um tanto severa, mas ele tocou no ponto: o homem moderno é movido por motivos muito mais misteriosos e complexos do que pensava originalmente.

O trabalhador moderno é claramente motivado por algo mais que a atração do dinheiro e da segurança, ou pela ameaça de punição e demissão. O dinheiro não é a única coisa que as pessoas desejam. Se fosse assim, as pessoas ricas seriam as mais felizes do mundo. Ao mesmo tempo, porém, não existe evidência de que a pessoa média deixou de desejá-lo, ou as coisas que ele pode comprar. Além disso, as pessoas tentam naturalmente evitar problemas e confrontos e preferem o conforto e a segurança de um emprego estável.

Os teóricos de administração classificam coisas como um emprego e segurança financeira como motivadores de baixo nível, que não produzem mais de que desempenho de baixo nível. "Para conseguir que as pessoas façam um trabalho medíocre, basta *empurrá-las,* usando poder de coerção e recompensas de forma manipulativa", escreve James J. Cribben em seu livro *Effective Managerial Leadership.* "Para extrair seu melhor desempenho", continua ele, "é preciso fazer com que elas *empurrem a si mesmas*" (ênfase acrescentada).

O gerente moderno precisa entender que sua principal responsabilidade é ajudar os subordinados a terem o melhor desempenho possível. Isso significa criar e manter o clima psicológico adequado e planejar pacotes de trabalho tais que as pessoas consigam se desempenhar no máximo da suas capacidades.

O processo de influenciar as pessoas, para que façam o máximo pela organização, é necessariamente de boa liderança. A liderança visa a permitir que as pessoas motivem a si mesmas para seguir na direção desejada, para que se sintam compelidas a um desempenho de alto nível, porque *elas querem*. O oposto da boa liderança é uma forma de ditadura, na qual um esforço não desejado é arrancado das pessoas pela simples aplicação da força. O objetivo deve ser sempre o de instilar motivação de alto nível nas pessoas, uma vez que somente ela produz resultados de alto nível.

Existem muitas teorias a respeito de como os gerentes devem agir para motivar pessoas, mas somente uma coisa parece certa: se a motivação precisa vir de dentro do indivíduo, deve ser porque *as necessidades e desejos que habitam o fundo da psique humana estão sendo satisfeitos*. Em outras palavras, o ambiente de trabalho e os cargos devem ser tais que as pessoas tenham prazer naquilo que fazem e obtenham benefícios psicológicos de alto nível como resultado de seus esforços.

A teoria mais aceita sobre necessidades e desejos inerentes foi formulada por Abraham Maslow, em sua obra clássica *Motivation and Personality*. Maslow dividiu as necessidades e desejos das pessoas saudáveis em cinco amplas categorias, que representam a soma total das suas personalidades, suas motivações e aspirações mais profundas. É muito mais fácil entender o comportamento humano quando se compreende que as pessoas são como são porque têm necessidades e desejos específicos que procuram satisfazer. Essas necessidades e desejos incluem *necessidades fisiológicas* como alimento, ar, descanso, sexo, abrigo, outras funções corporais e proteção contra os elementos. Esses impulsos resultam dos esforços automáticos do corpo para manter-se em estado de saúde e harmo nia. Por exemplo, a corrente sanguínea precisa manter uma temperatura constante e um nível específico de água, sal, açúcar, proteínas, gorduras e oxigênio em todos os momentos.

Os impulsos fisiológicos constituem a mais básica de todas as motivações humanas. Se uma pessoa está carente de alimento, segurança, aceitação social e auto-respeito, tudo ao mesmo tempo, sua necessidade de satisfazer a fome irá predominar. Isso não quer dizer que os outros impulsos deixem de existir. Eles ficam simplesmente em segundo plano, até que os motivadores de níveis inferiores tenham sido satisfeitos. Por exemplo, uma pessoa muito faminta sempre estará obcecada com encontrar comida até que essa necessidade básica tenha sido satisfeita. Antes disso, ela será praticamente incapaz de se concentrar em outras coisas.

E o que acontece quando a pessoa está satisfeita no nível fisiológico básico, quando sua barriga está cheia e todas as outras necessidades e desejos fisiológicos foram atendidos? Simplesmente emergirão outras necessidades, no nível seguinte de motivação, e elas começarão a dominar o comportamento da pessoa.

A seguir vem as *necessidades de segurança,* que incluem a libertação do medo e a proteção contra perigos, ameaças e privações. As pessoas em nossa sociedade desejam viver em um mundo seguro e organizado, que lhes garanta um modo de vida ordenado e previsível. Isso envolve um ambiente seguro, que garanta proteção contra danos físicos e psicológicos. Assim como uma pessoa faminta é acalmada com alimento, uma pessoa amedrontada é levada a sentir-se segura quando lhe fornecem proteção.

Vemos a proteção em toda parte em nossa sociedade. A proteção física é fornecida por vigias, pelas polícias locais e estaduais e pelas forças armadas. A proteção à saúde é proporcionada por médicos e enfermeiras e pelas clínicas e hospitais onde eles trabalham. A segurança financeira é propiciada sob a forma de seguros médicos, de desemprego e incapacitação. A proteção é uma preocupação importante em nossa sociedade e precisa ser proporcionada, para que as pessoas possam aspirar a níveis mais elevados de satisfação e realização pessoal.

Depois de satisfeitas as necessidades fisiológicas e de segurança, emergem as *necessidades sociais*, como amor, aceitação e afiliação, as quais começam a dominar o comportamento da pessoa. Neste terceiro nível, a pessoa quer ter amigos íntimos e entes amados e a afeição que isso provoca. A associação com amigos, família e outros grupos é muito importante. As necessidades sociais são satisfeitas quando você é aceito pelos amigos, pela família e por outras pessoas para as quais você é aquilo que representa. A chave para a satisfação desses motivadores de nível médio é ser capaz de dar e receber amor e afeição e de aceitar e ser aceito pelos outros.

Esses três primeiros níveis de motivação são bastante fáceis de se entender. As pessoas desejam naturalmente as coisas básicas da vida. Elas desejam alimento, água, ar e sono suficientes, e proteção contra os elementos; elas querem estar seguras contra as ameaças e perigos externos; e querem poder trocar amor e afeição com os outros. As necessidades nos níveis do *ego* e da *auto-realização* são mais complexas e difíceis de se compreender.

(In: *Pense como um Vencedor,* dr. Walter Doyle Staples, Pioneira, São Paulo, 1994.)

NAPOLEON HILL - Escritor norte-americano, nasceu em Wire County, Virgínia. Desde a década de 20, quando publicou seu primeiro livro com mensagens de estímulo, otimismo e autoconfiança, Napoleon Hill, um orador inspirado, motivou milhões de pessoas a assumir o comando de suas vidas e a criar para si mesmas o futuro que desejavam. Em sua obra-prima *Pense e Enriqueça,* Hill transmite uma mensagem de esperança, apoiada em princípios viáveis. Escreveu também *Law of Sucess* (1928), *A Escada Mágica Para o Sucesso* (1930), *Mental Dypramite* (1941) e *How To Raise Your Own Salary* (1953). (1883-1970)

"

O entusiasmo é a maior força da alma. Conserva-o e nunca te faltará poder para conquistar o que desejas.

"

Levanta e sacode a poeira

A vida está dura? Então você precisa arrumar ainda mais motivação

Exame/ Jacqueline Breitinger

Diante de 200 funcionários reunidos no auditório da fábrica da Bausch & Lomb, no bairro do Andaraí, no Rio de Janeiro, o presidente Jorge Temer tinha más notícias a dar. Era março de 1993 e, para a platéia tensa, ele anunciou o fechamento da unidade e a demissão de todos. O objetivo era tornar a empresa mais competitiva no Brasil. Enquanto explicava o pacote de benefícios para quem ficasse até o fim, ele viu empregados com até 30 anos de casa chorar. "Foi o pior dia da minha carreira", recorda.

Nos dois dias seguintes não conseguiu ir trabalhar, embora o seu emprego não estivesse em jogo (ele continua no comando da empresa, que aumentou suas vendas de 30 milhões de dólares para 46 milhões e retornou ao azul). Teve dores no corpo e sentiu a revanche de uma úlcera que julgava curada. Na segunda-feira seguinte, embora ainda deprimido, fez a barba, vestiu-se e foi para a fábrica. O que o motivou para comandar o fechamento da unidade que tinha consumido tanto de sua energia nos anos anteriores? "Concentrei-me na idéia de que tinha de tocar o barco, não importava o que acontecesse", diz.

Em uma carreira corporativa, ninguém escapa de sofrer por conta de um projeto que consumiu tempo, corpo e alma e acabou sendo arquivado (como no caso acima), de uma promoção que não saiu ou de uma transferência para um posto nada excitante. Espera-se, contudo, que o executivo se mantenha motivado mesmo em situações adversas. Como fazer isso? Onde encontrar forças para seguir adiante e superar as frustrações? Bem, segundo psicólogos e especialistas em comportamento, em lugar nenhum. A maioria deles considera a motivação como algo absolutamente individual. "É ilusão acreditar que alguém seja motivado por outras pessoas", diz o consultor Héctor Rafael Lisondo, de Campinas. Engenheiro e psicólogo, ele tem se dedicado a treinar executivos para enfrentar mudanças decorrentes de programas de qualidade total.

Ninguém deve, portanto, se acomodar e esperar que a motivação para o dia-a-dia de trabalho parta do empregador. Até porque, em matéria de motivação de funcionários, a maioria das empresas parece estar ainda engatinhando. "As empresas, de forma geral, falham na hora de motivar seus executivos", diz o consultor Jorge Eduardo Pereira, do Rio de Janeiro. "Os cargos gerenciais são glamourizados com benefícios como carro, títulos de clubes e visibilidade na mídia", diz. "Mas o problema é que ao mesmo tempo em que esses privilégios motivam, paradoxalmente, trazem insegurança e até desmotivação. O executivo passa a ter medo de errar e perder os benefícios."

Embora funcione como estímulo, o dinheiro nem sempre consegue ser uma fórmula mágica. Em 1991, o então gerente de marketing da Shell Brasil, Peter van Voorst Vader, foi convidado a retornar à

Holanda, sua terra natal, e assumir um cargo na área de vendas automotivas. Em termos de função, o departamento não atraía muito o executivo, então com 36 anos. O salário, sim, era bom — e também as perspectivas de uma carreira longa dentro da corporação. Mas ficou faltando algo na suposta promoção. "Depois de tantos anos no Brasil, onde tudo ainda estava por fazer, a Holanda me pareceu um país com tudo pronto", afirma. Três anos depois de chegar ele pediu as contas e voltou para o Brasil. Wader só encontrou motivação partindo para um negócio novo, mais sedutor e onde pudesse ter autonomia. Hoje ele preside a rede de lanchonetes Bob's. Na questão de salário, diz, estaria ganhando mais se tivesse ficado na multinacional da concha. "Não foi o dinheiro que me segurou."

Experiências realizadas pelo psicólogo americano Edward L. Deci — autor de *Por Que Fazemos o Que Fazemos?* recentemente lançado no Brasil pela Negócio Editora — mostram que nem sempre recompensas monetárias são as maiores fontes de motivação. Numa das experiências, Deci dividiu estudantes universitários em dois grupos e pediu a eles que montassem um quebra-cabeça. Metade deles recebeu um pagamento para realizar a tarefa. A outra, não. O resultado é que o segundo grupo continuou jogando por puro prazer mesmo depois de o seu tempo ter sido encerrado. Os demais abandonaram a atividade assim que receberam o pagamento.

Para os estudiosos há dois tipos de motivação: a intrínseca e a extrínseca. "Estar constantemente me autodesafiando é a minha maior motivação no trabalho", diz Mauro de Curtis, primeiro brasileiro a presidir a subsidiária da Elevadores Schindler. Eis, segundo Deci, um exemplo de motivação intrínseca — ou seja, a recompensa por fazer um trabalho é a atividade em si. A motivação extrínseca, por outro lado, é baseada em fatores externos, como recompensas. "Em qualquer um dos casos as pessoas precisam acreditar que algum resultado virá do seu comportamento", escreve Deci.

Acreditar no que se faz — Isso significa que bônus e benefícios devem ser jogados pela janela? Não, diz o autor, que considera o dinheiro um grande motivador — desde que não seja visto como um fim em si mesmo nem tampouco como uma forma de controle autoritário da empresa sobre seus funcionários. "A motivação surge quando o executivo encontra um ambiente favorável, com autonomia e espaço para a iniciativa, de maneira que possa continuar acreditando no que faz", diz o antropólogo paulista Luiz Almeida Marins Filho, autor do livro *Socorro! Preciso de Motivação* (editora Harbra), lançado em 1994.

O ponto-chave na busca da motivação é saber como lidar com as frustrações e usá-las como geradoras de criatividade. E não como fonte de resistências futuras, diz o consultor Lisondo. Para isso, segundo ele, alguns passos são necessários. Em primeiro lugar, é preciso aceitar a frustração e a dor, duas coisas inerentes à condição humana. É necessário ter paciência para aceitar a incerteza e coragem para abandonar o que já se conhecia, preparando-se para o novo cenário.

(In: Revista *Exame*/julho, Jacqueline Breitinger, Editora Abril, São Paulo, 1998.)

THOMAS EDISON - Inventor, pesquisador e empresário norte-americano. Nasceu na cidade de Milan, Ohio. Famoso por suas descobertas no campo da telegrafia, cinema e eletricidade. Registrou mais de mil patentes, e entre elas a da lâmpada elétrica. Em 1928, foi agraciado com a Medalha de Honra pelo Congresso norte-americano. Em virtude de seus inventos, aos 40 anos de idade já era conhecido no mundo inteiro. É considerado um dos maiores inventores da Humanidade. (1847-1931)

"Aprenda a confiar em si mesmo e aprenderá o grande segredo da vida."

Motivação no trabalho: da teoria à prática

Bertani Marinho

1. Motivação: a teoria

O tema da motivação, embora muito difundido, é ainda pouco aplicado, para não dizer desvalorizado. Qualquer gerente ou supervisor de uma empresa, que desenvolva projetos de treinamento, é capaz de citar a *escala motivacional* de Maslow, e como usá-la para facilitar a automotivação da sua equipe. Outros há que conseguem, até mesmo, casar a *pirâmide motivacional* de Maslow com a teoria dos *fatores mantenedores e motivadores* de Herzberg, tecendo extensos comentários sobre a validade ou não dessas teorias tão difundidas entre nós. Porém, quando pesquisamos, como consultor empresarial, a aplicação desses conceitos, constatamos que não só estão muitas vezes em completo desuso, como ainda prevalece em várias empresas a equívoca *motivação pelo medo.* Ou seja, o uso do poder de coerção e do poder de posição para se conseguir, sob pressão, o que foi determinado anteriormente. Também o termo *empowerment* — traduzido geralmente por energização — é muito difundido entre as quatro paredes de uma sala de reunião ou de treinamento. No entanto, existe comumente o interesse dos gerentes em *energizar* o comportamento de seus colaboradores ou tudo não passa de teoria, bonita para leitura e apenas estimulante para discussões em salas de treinamento?

O que propomos aqui é justamente sair da teoria para a prática. Ou sair do conhecimento intelectivo para o conhecimento integral. O primeiro despende o tempo para acaloradas discussões, o segundo aproveita o mesmo tempo para iniciar a caminhada para a auto-realização. Não há um choque necessário entre o conhecimento intelectivo e o conhecimento integral. O primeiro é o estágio inicial, a busca de entendimento, o segundo é o seu complemento, a integração entre a teoria e a prática. A motivação também possui esses dois estágios. É importante conhecermos estudos sobre esse tema fundamental para a evolução de cada um e para a humanidade como um todo. Mas não podemos ficar aí.

Temos notado que os nossos executivos cresceram muito em conhecimentos teóricos e acadêmicos. Há alguns anos atrás, teorias motivacionais não só eram totalmente desconhecidas, como aqueles que procuravam levá-las às empresas eram tachados de visionários ou — por que não? — malucos, ou com *um parafuso a menos.* Hoje a realidade é outra. Pós-graduação é lugar-comum. Aqui ou no exterior. Isso facilitou o processo motivacional nas empresas? Ainda não. Ajudou, sem dúvida alguma. Mas a aplicação de tudo que se consome intelectualmente, ainda é instigação, esperando aqueles que se proponham realmente a concretizar as idéias recebidas de variadas fontes por vias intelectivas.

(In: *Insight Psicoterapia,* Bertani Marinho, Lemos Editorial e Gráficos, São Paulo, 1992.)

O dinheiro é a nova religião dos povos. Economicamente é a mais poderosa motivação. O dinheiro por si só move o mundo..

Motivar outras pessoas

Donald Weiss

Criar um ambiente onde as pessoas possam se sentir bem com você, consigo mesmas e entre si, e estar confiantes na satisfação das próprias necessidades, ao mesmo tempo que cooperam com o grupo.

Motivar é como *dirigir uma torcida* (incitar, animar), mas, muitas vezes, os "chefes de torcida" desanimam mais do que animam as pessoas. Além disso, essa atitude tem somente um efeito a curto prazo. Acredito que em vez de assumir o papel de "chefe de torcida", o *motivador deva ter um comportamento positivo de apoio e um entusiasmo sensato.*

Dessas definições resulta que *as pessoas podem ser motivadas para o bem ou para o mal — fazendo aparecer o melhor ou o pior do que elas têm. John Kennedy motivava; Adolf Hitler, também.* Mas a maioria das pessoas concorda que Kennedy fez sobressair o melhor de muitos americanos, conduzindo-os na busca da vida, liberdade e felicidade, enquanto Hitler fez aparecer o pior de muitos alemães, conduzindo-os a atos de barbarismo inacreditáveis.

O *"fator de disposição"* refere-se à *vulnerabilidade* ou à abertura de uma pessoa a idéias novas ou diferentes, a estímulos que acionam motivos ou maneiras não reconhecidos de satisfazer necessidades ou sentimentos. Sem o fator de disposição, como poderia Jim Jones persuadir centenas de pessoas a cometerem suicídio em massa?

Se as pessoas não estão motivadas a fazer alguma coisa ou a alcançar uma meta, você pode persuadi-las a fazer algo que elas prefeririam não fazer, mas, a menos que estejam prontas a assumir as atitudes e os valores do motivador, o comportamento não será permanente. O fator de disposição não está presente.

Uma pessoa tem de estar disposta a ceder, caso contrário nada do que você possa fazer vai convencê-la a seguir sua liderança, porque a pessoa está *motivada a fazer outra coisa*.

Uma metáfora do filme *Guerra nas estrelas* resume todo o assunto: "A Força" está *com* Luke Skywalker. Tudo o que Obi Wan Kenobi e Yoda podem fazer é ajudar o jovem a descobrir "A Força" dentro dele mesmo. Esses personagens são motivadores, no sentido usado neste livro

O imperador falha como motivador porque ele exige controle total da "Força" que está dentro de Luke. Enquanto Ben eYoda são encorajadores, o Imperador é apenas o chefe. Você também vai ter de decidir qual dos dois pretende se tornar.

Criar um ambiente produtivo

No destaque na página anterior questiona-se a motivação de outras pessoas pela criação de um ambiente produtivo. A resposta à pergunta "Como se faz isso?" consiste em algumas idéias que são básicas, mas nem sempre fáceis de seguir:

• Espere o melhor para conseguir o melhor; estabeleça padrões elevados e exija que as pessoas, inclusive você, os acompanhem.

• Seja entusiástico sobre as metas e a missão do grupo, sobre os indivíduos que compõem o grupo e sobre você mesmo.

• Permita às pessoas cometerem erros com os quais possam aprender.

• Reconheça e dê prêmios ao sucesso ou à realização, mas não tenha medo de dar um retorno negativo.

• Compreenda o que as pessoas querem para si mesmas e o que estão dispostas a dar para obter o que elas querem ou precisam.

• Encoraje a cooperação dentro do grupo e uma competitividade razoável com outros grupos.

• Encoraje discordâncias produtivas e, ao mesmo tempo, ajude a resolver conflitos.

Esses são bons conselhos, não são? Às vezes, quando você está trabalhando com pessoas que parece que não ligam para nada, você pensa: "Chega com isso, vamos mandá-las embora".

Bem, isso pode ser uma satisfação pessoal, mas não é o melhor plano gerencial.

(In: *Motivação & Resultados,* Donald Weiss, Editora Nobel, 1991.)

CHICO XAVIER- Escritor paranormal brasileiro, seguidor e divulgador dos ensinamentos de Allan Kardec, Francisco Cândido Xavier nasceu em Pedro Leopoldo, Minas Gerais . É autor de mais de 400 obras psicografadas, em mais de 60 anos de trabalho mediúnico. Expressando-se em dois mundos, o material e o espiritual, tem levado paz e cura para muitas pessoas angustiadas e doentes. Chico Xavier é considerado um fenômeno espírita. (1910 -)

"Toda crise é fonte sublime de espírito renovador para os que sabem ter esperança."

Terapia comportamental

Dicionário de Medicina Natural

Quando rimos de uma piada, levantamos a voz zangados, castigamos uma criança travessa ou recompensamos uma bem comportada, estamos praticando uma forma sutil de terapia comportamental. Em dezenas de situações do cotidiano como essas, todos nós encorajamos as pessoas a se comportarem como gostaríamos. Queremos que os nossos amigos sejam divertidos, que os nossos inimigos se sintam intimidados e que os nossos filhos se dêem bem com outras crianças.

Do mesmo modo, os terapeutas comportamentais utilizam as recompensa e por vezes os castigos — para ajudar as pessoas a superarem um comportamento nocivo ou anti-social, como fumar, beber em excesso, cometer violências pessoais ou ceder a um MEDO irracional.

A terapia baseia-se na idéia de que o mau comportamento é muitas vezes algo que se aprendeu — em qualquer fonte ou exemplo — e pode ser "desaprendido" por treino, para ser substituído por algo melhor. Desse modo, as crianças podem aprender a comportar-se mal com os pais ou professores, que recompensam um comportamento incômodo com atenção redobrada. Os jovens podem passar a beber muito, como forma de se equiparar aos amigos beberrões e, por conseguinte, ser aceitos por eles.

Muitas vítimas de grandes acidentes descobriram que mantêm problemas persistentes de comportamento, como medo de andar de automóvel ou de espaços fechados. Os terapeutas têm como objetivo vencer essas dificuldades, ensinando as pessoas a reagirem a elas de forma diferente e mais adaptativa.

Consulta. O terapeuta irá analisar detalhadamente o problema da pessoa, perguntando-lhe quando começou, o que acontece exatamente em cada ocasião e como a pessoa e os outros lidam com ele. Em seguida, escolherá um programa adequado e começará um curso de treino, o que significa, geralmente, uma sessão por semana. Um curso típico pode durar três meses.

As *fobias* podem muitas vezes ser vencidas com uma técnica conhecida por *dessensibilização sistemática.* A pessoa pratica exercícios de relaxamento enquanto imagina situações cada vez mais perturbadoras ou assustadoras. Quando ela for capaz de se manter completamente calma, o terapeuta leva-a a experimentar gradualmente as situações reais, enquanto vai ajudando-a a relaxar. A reação de relaxamento acaba por ser tão bem aprendida que surge naturalmente, e a fobia é vencida.

Um método de "choque" mais rápido para lidar com várias fobias é conhecido por *flooding, ou exposição forçada.* A pessoa é confrontada desde o início com a situação que mais teme. De início, fica aterrorizada. À medida que o tempo passa e ela não sofre nada, a fobia começa a desaparecer e a pessoa sente que voltou a ter um controle racional da situação. Muitas pessoas aprenderam desse modo a suportar insetos, alturas, espaços fechados e cobras.

O *alcoolismo* é às vezes tratado pela *terapia de aversão,* método que consiste em tomar um medicamento, como Dissulfiram *(antabus),* que provoca vômitos e uma reação de afogamento quando se bebe. A mente acaba por associar mal-estar à bebida e perde-se toda a vontade de beber. Uma forma menos drástica, a *aversão imaginária,* utiliza associações desagradáveis imaginárias para acabar com os vícios — por exemplo, imaginar que cada cigarro foi besuntado com qualquer coisa repelente antes de levá-lo à boca.

Para quem é útil. Os terapeutas reivindicam maior êxito no tratamento de problemas específicos, como fumar, beber em excesso, o comportamento obsessivo compulsivo, as fobias, os problemas infantis — como enurese —, fobias escolares e dificuldades de adaptação social — como praticar roubos ou ter comportamentos impróprios. Algumas técnicas como a dessensibilização, apresentam melhores resultados em crianças e adultos que não pensam muito nos seus motivos e na razão por que se comportam desta ou daquela maneira. Outras técnicas, como a aversão imaginária, são utilizadas para pessoas altamente motivadas e imaginativas.

Como acontece com a maior parte das formas da *psicoterapia,* a terapia comportamental é mais eficaz quando se gosta do terapeuta e sente-se que presta uma ajuda verdadeira. Também se obtém mais êxito quando o comportamento indesejado não causa prazer — é mais fácil vencer o medo de cobras do que deixar o fumo ou o alcoolismo.

O que dizem os médicos

A terapia comportamental baseia-se na investigação científica do modo como as pessoas aprendem, e os médicos aceitam que ela ajuda muitas vezes os pacientes a superarem problemas que a medicina convencional não consegue tratar.

A teoria por trás da terapia

No final do século 19, o cientista russo Ivan Pavlov (1849-1936) notabilizou-se pelas experiências em que treinava cães para associarem a chegada da comida ao som de uma campainha. Tendo designado esse processo por *condicionamento,* utilizou-o para estudar os efeitos da aprendizagem no comportamento humano. Nos Estados Unidos, J. B. Watson expôs idéias semelhantes nas primeiras décadas do século 20, que se tornaram conhecidas como behaviorismo. Muitos dos princípios defendidos pelos dois psicólogos constituem ainda a base da moderna terapia comportamental.

Após a Segunda Guerra Mundial, um outro psicólogo norte-americano, Burrhus Skinner, levou animais e pessoas a tomarem parte ativa no processo de aprendizagem, ao contrário de Pavlov, cujos cães eram participantes passivos. Skinner desenvolveu as teorias do *reforço,* uma espécie de recompensa ou experiência agradável que torna mais provável a repetição deste comportamento do que os outros alternativos não reforçados. A *Agorafobia,* por exemplo, o medo dos espaços abertos, pode se tornar mais entranhada pelo alívio que a pessoa sente quando está dentro de casa. Esse alívio encoraja-a a permanecer cada vez mais dentro de casa, até que já não consegue sair.

A solução de Burrhus Skinner para esse tipo de problema consistiu em levar a pessoa a associar a sua falta de vontade de sair de casa com experiências más, enquanto associava as saídas com qualquer tipo de recompensa satisfatória. Atualmente, esses métodos são ainda utilizados para ajudar as pessoas a superar suas dificuldades.

Mas Skinner levou o behaviorismo ao extremo, sugerindo que poderia ser utilizado para controlar *todo* o comportamento humano e criar, desse modo, uma sociedade perfeita, orientada por psicólogos. Felizmente, na sua maioria, os psicólogos behavioristas não levaram a sério essas idéias extremas, embora as técnicas behavioristas ainda sejam utilizadas individualmente, com o pleno conhecimento e consentimento da pessoa tratada.

(In: *Dicionário de Medicina Natural*, Reader's Digest, Dr. Roberto Leal Boohrem, Rio de Janeiro, 1997.)

ELIS REGINA - Intérprete da música popular brasileira, nascida em Porto Alegre. Iniciou sua vida artística cedo. Elis é considerada a melhor intérprete musical dos últimos tempos. Estourou no I Festival de Música Popular da TV Excelsior, em 1965, com a música *Arrastão*. Comandou programas de televisão como O Fino da Bossa e realizou shows de grande sucesso, como *Falso Brilhante* e *Saudade do Brasil*. Dentre as inúmeras músicas que interpretou, destacam-se *Upa Neguinho, Madalena, Águas de Março, Como Nossos Pais, Romaria, O Bêbado e a Equilibrista, Alô Alô Marciano* e *Maria Maria*. (1945 -1982)

"A mim não interessa ser uma boa cantora a mais. Quero usar o dom que a Mãe Natureza me deu para diminuir, com ele, a angústia de alguém. Essa idéia é que pode dar sentido ao meu trabalho."

Para quem você trabalha

Suely Braz Costa

Se você for sair de casa pensando que trabalha para o outro, não saia. Não existe motivação em trabalhar para o outro. Que outro? Você trabalha para si mesmo. Que coisa absurda pensar que trabalha para o outro. Lógico que você ganha para trabalhar. Esse ganho é proporcional ao seu desempenho, à sua competência, ao seu amor, ao seu espírito de doação, portanto quem lhe dá um preço é você mesmo. Você colhe exatamente o que planta.

Tire da cabeça pensamentos de rivalidade, de competitividade e de inferioridade, e acredite que nós trabalhamos para nós mesmos. Em qualquer segmento, quanto mais gratidão você sentir pelo trabalho, tanto mais receberá; é dele que vem seu sustento, sua independência financeira, os recursos para concretizar seus sonhos, a sua auto-realização. Você receberá em alegria, em amor das pessoas, em poder multiplicar o que recebe porque é abençoado pelo seu reconhecimento. Haverá todo um planejamento para investir, porque ele é sagrado.

Como empresa são pessoas — "cada pessoa é uma empresa" — que criam, pensam, decidem, executam, inovam; o momento é muito propício para refletirmos um pouco mais sobre a vida destas pessoas que constituem a empresa. Para ver se a empresa vai bem ou mal, é simples, pergunte às pessoas que a constituem: Você está feliz trabalhando nesta empresa? Pergunte aos clientes: Você está feliz com os produtos desta empresa? Pergunte aos fornecedores: Você está feliz fornecendo para esta empresa? Pergunte à sociedade: Você está feliz com a empresa X, ela acrescenta algo em nossa cidade?

Quanto mais respostas positivas, tanto mais possibilidades desta empresa se fortalecer e superar dificuldades com criatividade e comprometimento das pessoas que a constituem.

Quanto mais respostas negativas de insatisfações, tanto mais o problema é realmente sério, porque as pessoas que integram a empresa já a mataram dentro de si, ela apenas reflete a insatisfação das pessoas que a compõem.

Não por acaso Henry Ford disse: "Quando quiserdes que um homem consagre o seu tempo e energia a um trabalho, dá-lhe um salário que o ponha ao abrigo das dificuldades financeiras"; ele sabia que sendo a empresa constituída de pessoas, são elas que fazem a grande diferença.

Os grandes desafios das empresas não são apenas:

- o mercado globalizado
- a revolução digital
- a informação explosiva da Internet
- a telecomunicação acelerada
- situações imprevisíveis
- condições em transformação
- imprevistos não prognosticáveis
- complexas situações não-analisáveis

- confusão e desequilíbrio

Mas a MENTE CONFUSA dos seus constituintes; enquanto não se clarearem as mentes das pessoas que integram a empresa, tirando o MEDO do bicho-papão "desequilíbrio da revolução e evolução do novo século, que exige mudança no SER e não apenas no ter", haveremos de padecer deste mal-estar, sentindo-nos perdidos no caos que se instalou nesta mudança acelerada em que as pessoas não podem parar e assim sentem-se obrigadas a dançar sem ritmo, sem sentir prazer, mas automaticamente, porque o mínimo do mínimo é estar em movimento, haja o que houver.

Todos estão dançando do seu jeito, seja:

- na economia
- no social
- no cultural
- na educação
- na saúde
- na tecnologia
- na política

São uma massa amorfa, esponjosa, que sem forma definida e sugando uns aos outros absorvem goela abaixo o impacto das mudanças, confusos, e em caracóis vão se contorcendo, gemendo e gritando: Quero entender o que está acontecendo, onde estamos? Estou obsoleto? O que aconteceu comigo? Com minha empresa? Com minha vida? Com meus familiares? Com meus amigos?

É prioritária a reflexão para encontrar o fio da meada EMOCIONAL das pessoas que integram a empresa; é impossível administrar com tantas mentes confusas.

Encontre o fio da meada das pessoas.

PARE • Relaxamento
• Meditação
• Autoconhecimento/auto-realização

ATENÇÃO • Escolha desenvolver seus talentos, em vez de ficar pulando de galho em galho querendo tudo, não tendo tempo para coisa alguma, se torturando e se perdendo cada vez mais.

PROSSIGA • Com uma nova roupagem, dos seus talentos, seu dom, sua missão que veio cumprir na terra, doe o seu potencial e receba dos outros o potencial deles.

Se propusermos às empresas que cada um desenvolva os seus talentos, criaremos um INÍCIO FELIZ, porque fazer o que viemos para fazer é um lazer, um prazer, e quando trabalhamos com o que amamos, descansamos, adeus estresse, adeus confusão.

(In: *Cada Pessoa é uma Empresa,* Suely Braz Costa, Editora Martin Claret, São Paulo, 1998.)

"A melhor maneira de mudar o padrão de vida é melhorar o padrão do pensamento."

Andressen

Auto-sugestão

Dicionário de Medicina Natural
Reader's Digest

A auto-sugestão é uma técnica muito simples de *hipnose* que as pessoas podem aplicar a si próprias e que, segundo se crê, atua através da liberação de forças positivas inconscientes do corpo e da mente.

A auto-sugestão é também conhecida por "método de Coué", em memória de Emile Coué (1857 -1926), farmacêutico francês que introduziu e desenvolveu a técnica nos finais do século 19.

O método de Coué baseia-se em uma forma de meditação que procura esvaziar a mente de pensamentos negativos, substituindo-os pela repetição de palavras ou frases positivas, como, por exemplo, a máxima que mais tarde tornou o criador do método famoso: "Estou melhorando todos os dias e em todos os níveis".

Coué acreditava que, se esta frase fosse repetida regularmente e o doente estivesse em um estado de relaxamento mental, acabaria por ficar impressa no subconsciente, passando então a orientar os processos inconscientes do corpo e da mente em sentido positivo.

Para quem é útil. As pessoas que praticam a auto-sugestão geralmente o fazem para aumentar seu bem-estar global, sua saúde e sua felicidade. A auto-sugestão pode também acelerar a recuperação e aliviar o sofrimento produzido por doenças físicas e mentais. Diz-se que a tensão, a ansiedade, as fobias e a dependência (por exemplo, de alimentos, do álcool e de tabaco) respondem bem à auto-sugestão. A asma, a alergia e as doenças psicossomáticas também podem ser abordadas com o método, mas os resultados levam mais tempo para manifestar-se.

A auto-sugestão pode também ajudar no autocontrole da DOR e do MEDO, por exemplo, durante o parto, ou ainda nas pessoas que se encontram na fase terminal de doenças incuráveis.

Como encontrar um terapeuta. A auto-sugestão é uma técnica de auto-ajuda. Mas, se for necessário, um terapeuta medicamente qualificado e com prática de hipnose poderá dar-lhe conselhos ou instruções.

Auto-ajuda. Aprender a auto-sugestão é simplesmente uma questão de praticá-la regularmente sozinho, de forma empenhada e em estado de relaxamento físico e psíquico. Escolha o momento e o lugar mais adequados e pratique todas as manhãs e todas as noites. Coué sugeria o momento imediatamente antes de dormir e logo após acordar, antes de se levantar.

Comece por uma fase de MEDITAÇÃO tentando esvaziar a mente de todas as distrações, e concentre-se na fórmula de Coué, repetindo-a continuamente em qualquer velocidade, seja em voz alta, seja em silêncio. Não pense contudo no significado nem imagine que é uma ordem de comando a si próprio — repita-a apenas como se tratasse de um "encantamento". Cerca de 20 repetições é o suficiente em cada ocasião, mas o mais importante é praticar regularmente todas as manhãs e todas as noites, para que os efeitos sugestivos não enfraqueçam.

Coué acreditava que sua fórmula era adequada para todas as circunstâncias. Mas seus seguidores desenvolveram outras frases — por exemplo, diz-se que a dor ou a tensão podem ser aliviadas repetindo-se "está passando", ao mesmo tempo que se passa a mão rapidamente sobre a parte afetada. Para o relaxamento e a tranqüilidade, recomenda-se uma frase do tipo "estou completamente tranqüilo".

Podem-se também experimentar suas próprias frases, sem esquecer que os terapeutas recomendam que sejam sempre expressas em sentido positivo, isto é, de forma afirmativa.

Por exemplo, uma frase como "não estou deprimido" pode não funcionar tão bem como a declaração mais positiva "estou alegre". Mas para deixar de fumar, de comer ou de beber em excesso, pode-se experimentar dizer "fumar não é bom para o meu corpo", "comer demais não é bom para o meu estômago" ou "beber faz mal ao fígado".

Atenção. Alguns terapeutas previnem que os estados hipnóticos não são adequados para todas as pessoas e qualquer tratamento proposto deve ser sempre discutido com o seu terapeuta. Nos casos em que a mente consciente se opõe à idéia da hipnose ou da sugestão, o melhor é não experimentá-las — nesse estado de espírito, é muito pouco provável que você seja auto-sugestionável.

Pode também haver o perigo de algumas pessoas com distúrbios mentais psicóticos perderem o contato com a realidade agravando seu estado. Em caso de dúvida, consulte um psicoterapeuta ou um hipnoterapeuta qualificados.

O que dizem os médicos

A classe médica da época foi extremamente hostil à teoria defendida por Coué. Embora alguns médicos admitissem que a vontade de um doente poderia influenciar sua saúde, mostraram-se mais céticos em relação ao papel desempenhado pela sugestão.

Atualmente, muitos médicos e psicólogos utilizam técnicas derivadas, buscando modificar as cognições dos doentes diante de si mesmos e do mundo exterior e melhorar a expectativa de cura e a atitude e face da doença.

A auto-sugestão não tem efeitos contraproducentes e pode ser utilizada em conjunção com qualquer outra terapia. Mas nunca se deve substituir os tratamentos médicos clássicos nas doenças graves.

(In: *Dicionário de Medicina Natural/Reader's Digest*, Dr. Roberto Leal Boohrem, Rio de Janeiro, 1997.)

SUELY BRAZ COSTA - Empresária mineira da cidade de Uberaba, é graduada em Letras e durante muitos anos lecionou Português e Literatura. Foi assessora de assuntos educacionais da Faculdade de Medicina do Triângulo Mineiro. Atualmente é Diretora de Vendas da Zebu Ecológica e presta consultoria de marketing. Em 1992, foi eleita a Empresária do Ano. É autora, entre outros, dos livros *De Bóia-Fria a Empresário Internacional*, *Administração Holística — A Intuição como Diferencial* e *Cada Pessoa é Uma Empresa*, sobre os quais profere palestras pelo Brasil.

"

O universo quer o melhor para nós, porque somos herdeiros do Dono do Universo. Como o Dono é Amor, sejamos amor para recebermos a fortuna universal.

"

Liderança: a arte de motivar

Flávio De Almeida

Liderar é sobretudo motivar pessoas a conquistarem suas metas, apresentando sugestões, apoiando e apontando o caminho. O verdadeiro líder não é o que lidera, mas, sim, o que é reconhecido como tal.

Há dois tipos de poder ou liderança:

- **Posicional:** aquele diretamente ligado à posição, cargo ou função.
- **Pessoal:** aquele profundamente ligado à sua atuação como pessoa. É aquele duradouro e definitivo, é o verdadeiro poder de liderança.

O poder posicional acaba quando o elemento retira a farda, o terno, deixa o carrão, o celular, o anel de grau, o escritório. Esse tipo de poder foi muito evidente na ditadura militar, onde ouvimos muitos bradarem em alto tom:

— Você sabe com quem está falando?

A democracia brasileira reinaugurou a era do líder, do amigo e do companheiro. O indivíduo, com seu magnetismo pessoal, motiva e empurra pessoas na busca das metas e objetivos. Ele tem de ter capacidade de auto-motivação, saber aglutinar as idéias e esforços, orientá-los na direção correta, buscando maximizar resultados, considerando as limitações, anseios e aspirações do grupo. Ninguém motiva ninguém, as pessoas apenas incentivam e estimulam a motivação das outras.

A liderança responsável é sempre praticada com atitudes altruístas, otimistas, leais, fiéis, éticas e sobretudo corajosas, assumindo riscos à frente do grupo. E nunca esqueça: se as coisas vão bem, o mérito é dos subordinados, se vão mal, a culpa é do líder e só do líder.

O líder não nasce pronto. É uma questão de personalidade e acompanhamento, afirma o Prof. Warren Bennis, da universidade de Southern Califórnia, USA. Em seu livro "A Invenção da Vida", informa ter um irmão gêmeo univitelino, idêntico fisicamente a ele, porém com uma diferença visível. Seu irmão é a antítese do líder, um seguidor a toda prova. Fica claro, assim, que a liderança não é herança, é uma questão de determinação e treinamento, desenvolvimento de habilidades. Segundo o Prof. Bennis, existe uma característica marcante em todos os grandes líderes, indiferente da sua área de atuação:

"Não admitir o fracasso é vencer ou vencer!!!"

A despeito de todas as habilidades do empreendedor, nada é mais importante do que agir com entusiasmo.

A palavra entusiasmo vem do grego, TUS = TEO = DEUS. A pessoa entusiasmada é aquela que está com Deus. A vitrine do seu corpo é o seu rosto. Que tal uma vitrine alegre, bonita e feliz? Eu estava dando uma palestra sobre entusiasmo e atitude mental e comentava acerca do homem sorridente que era o Silvio Santos, dono do SBT. Levantou uma senhora e me disse:

— Flávio, se eu tivesse apenas 1% do dinheiro

que o Silvio Santos tem, viveria sorrindo como ele!

Com habilidade eu lhe perguntei:

— O que é que a senhora acha que veio primeiro para ele: o sorriso, ou o dinheiro?

Sabe, dinheiro é igual criança: corre às léguas de mau humor e cara feia.

Harmonia é outro requisito indispensável para o líder empresarial de sucesso, pois é sinônimo de paz e de serenidade. Se uma nação está em guerra, ela nada conseguirá fazer enquanto não acabar com a guerra. Após a paz restabelecida é que surgirão condições psicológicas de levar a cabo qualquer projeto, por menor que seja. E nós não somos diferentes de nenhuma nação, porque guerra é guerra, está em jogo a vida humana. Seja sábio, não saia semeando discórdias, desarmonia, idéias negativas.

Seja altruísta, generoso, caridoso, sincero, sereno, cumpridor dos seus deveres e muito cuidado com a fofoca e a inveja. Elas são causas de grandes discórdias.

"A melhor maneira de ser feliz é contribuir para a felicidade dos outros."

Autor desconhecido

Ao amanhecer, medite, reflita com você mesmo acerca do novo dia. Peça a Deus inspiração, iluminação, proteção e sabedoria na busca de soluções e novos caminhos que o levem à Paz, Alegria e Prosperidade.

O ser humano tem a capacidade de ir complicando de acordo com a idade. Quando criança brinca com todos, sorri para todos, diverte-se até com cães bravos. É interessante, o animal feroz não morde a criança, por quê?

— Porque, quando temos medo, descarregamos automaticamente adrenalina na corrente sanguínea e os cães têm um olfato aguçado e percebem, exatamente, quem está com medo.

Alguém tenta justificar, dizendo que não facilita com cachorro, pois já foi mordido. Claro, já foi mordido porque teve medo, é como lembra Aline, minha esposa:

"Assombração sabe para quem aparece!"

Dito popular

Quanto mais anos de vida, mais experiência, mais paradigmas, mais receios, mais medo, mais pavor e mais cautela. Isto explica porque a maioria dos empreendedores começaram ainda jovens. O jovem é mais irreverente, é mais autoconfiante, mais alegre, mais corajoso. Sobretudo, é mais crédulo de que poderá mudar o mundo com suas idéias joviais e avançadas.

As atitudes do líder serão plagiadas pelos liderados com fidelidade.

- Faça o que eu mando e guarde o que você sabe!
- Faça o que eu mando e não o que eu faço!

Espero que a democracia tenha banido, de uma vez por todas, a figura dos poderosos chefões, que utilizavam o poder posicional e faziam da sua caneta um chicote, transgredindo normas e valores de condutas sociais.

Nossos filhos, até aos dez anos, nos acham um herói e nos obedecem sem questionar. A partir daí, eles não farão mais o que nós mandamos mas, sim, o que nós fazemos.

Você faria uma dieta de emagrecimento receitada por um endocrinologista que pesasse 150 quilos?

Fazendo consultoria, um comerciante me disse que não sabia mais o que fazer com sua equipe. Ninguém chegava pontualmente. Isto estava comprometendo o resultado da empresa. Apesar dos fatos, ele não estava disposto a usar o relógio de ponto, pois achava uma agressão. Que devo fazer? Chamei a atenção de todos e nada adiantou.

— É simples! Por favor, a que horas o senhor chega à sua loja?

— Às dez horas, mas isto não tem nada a ver, eu sou o dono, o chefe!

"Liderança se faz pelo exemplo."

Napoleon Hill, contratado pelo milionário Andrew Carnegie no início deste século, estava encucado para saber qual era a diferença que fazia a diferença. Por que homens, vindos do nada, se tornavam ricos e milionários, enquanto uma grande maioria passa dificuldades financeiras e até fome?

Após vinte e cinco anos de trabalho, havia dezesseis mil entrevistados. Mil eram milionários. Hill descobriu um grande segredo:

Todos os milionários, quando trabalhando como empregados, cuidavam dos negócios dos outros como se fossem os seus.

De todas as atitudes a mais importante é, sem dúvida, a **atitude mental.**

Quer ser saudável, feliz, e próspero? Alimente sua mente com pensamentos e atitudes nesta direção. Policie-se para não ficar lendo os jornais policiais, com crimes estampados com manchetes sensacionalistas:

"Mulher mata marido com 5 facadas"
"Ônibus sem freio mata 7 estudantes"
"Bala perdida faz mais uma vítima"
"Avião cai, matando 150 pessoas"

Filtre e selecione as informações a armazenar no seu *winchester* mental. Procure ler bons livros, manter amizades sadias. Conviva com pessoas otimistas, corajosas, audazes. Seja altruísta e mantenha a sua mente serena, buscando fazer além da sua obrigação. Nunca se esqueça que suas atitudes na vida serão apenas um reflexo da sua mente. Você é produto dos seus pensamentos.

"Uma andorinha só não faz verão". Se você busca gente competente para sua equipe, necessita exercer uma liderança de qualidade, uma liderança com excelência. Seguidores de qualidade não aceitarão líderes incompetentes e pouco profissionais. Podem até permanecer por algum tempo, por questão de conveniência, mas ao perceber que a liderança não ocorre pelo exemplo, pulam fora do barco. "Se as palavras convencem, os exemplos arrastam."

(In: *Como Empreender Sem Capital,* Flávio De Almeida, I.B.E. Instituto Brasileiro de Empreendedorismo, Belo Horizonte, 1997.)

CAMILO CASTELO BRANCO - Escritor português. Considerado um dos mais versáteis escritores portugueses, pois escrevia sobre os mais diferentes assuntos com a mesma aptidão. Foi membro da Academia Real de Ciências em Portugal. Consta que foi o criador do romance passional. Usou vários pseudônimos em suas obras. Seus primeiros livros têm características do romantismo e, mais tarde, o escritor converteu-se ao realismo, movimento que sempre combatera. Teve um fim dramático. Suicidou-se com um tiro na cabeça. Entre as muitas obras que escreveu encontra-se *Nas Trevas*. (1825-1890)

"A vontade energética é uma esperança meio realizada."

Várias vezes ao dia faça um sermão de entusiasmo a si mesmo

David J. Schwartz

Há vários meses, um vendedor de automóveis relatou-me a técnica para obtenção do sucesso, por ele criada. E faz sentido. Leia-a.

— Uma grande parte do meu trabalho, duas horas por dia, é telefonar para possíveis clientes marcando encontros para demonstração de carros. Há três anos, quando me iniciei na profissão, esse era o meu grande problema. Eu era tímido e tinha medo, e sabia que minha voz denotava isso ao telefone. Com facilidade, o pessoal que eu chamava dizia: "Não me interessa", e desligava.

"Todas as segundas-feiras pela manhã, o nosso gerente fazia uma reunião com os vendedores. Era um encontro que nos dava muita inspiração e eu me sentia muito bem. E parecia que eu arranjava mais demonstrações para fazer nas segundas-feiras que nos outros dias. O mal é que muito pouco da inspiração da segunda-feira passava para a terça e os demais dias da semana.

"Tive, então, uma idéia. Se o gerente de vendas era capaz de me estimular, por que não o fazia eu mesmo? Por que não fazer a mim mesmo um sermão entusiasta pouco antes de começar a ligar o telefone? E, naquele dia, decidi experimentar o processo. Sem dizer nada a ninguém, encaminhei-me para um carro e disse, de mim para mim, que eu era um bom vendedor de automóveis, e que ainda seria melhor; que eu vendia bons carros e oferecia ótimas condições de venda; e que a gente a quem eu ia telefonar precisava daqueles carros e que eu ia vendê-los.

"Bem, posso dizer que, desde o início, esse auto-superestímulo compensou. Senti-me tão bem que não tive mais medo de fazer os telefonemas. Eu, agora, *queria* fazê-los. Não preciso mais sentar-me num carro e falar para me encorajar. Contudo ainda utilizo essa técnica. Antes de discar um número, relembro silenciosamente que sou um vendedor de alta categoria, e que vou obter um bom resultado; e consigo.

É uma boa idéia, não acha? Para ficar por cima, a gente tem de sentir como quem lá está. Anime-se você mesmo e veja como vai se sentir maior e mais forte.

Recentemente, num curso de treinamento dirigido por mim, cada pessoa devia fazer uma palestra de dez minutos sobre o tema "Ser um líder". Um dos alunos portou-se miseravelmente. Seus joelhos, literalmente, batiam e suas mãos tremiam. Esqueceu o que ia dizer e depois de se atrapalhar durante cinco ou seis minutos, sentou-se completamente derrotado.

Depois da aula, conversei com ele e pedi-lhe que, da próxima vez, comparecesse 15 minutos antes da sessão.

Conforme prometera, no dia seguinte ali estava ele 15 minutos antes. Sentamo-nos e conversamos sobre a sua palestra da noite anterior. Pedi-lhe que procurasse lembrar-se, o mais clara e exatamente possível, do que havia pensado cinco minutos antes de iniciar a sua palestra.

— Bem, creio que todo o meu pensamento estava concentrado no terror de que me achava possuído. Sabia que ia fazer um papel de idiota, que ia ser fracasso. Fiquei pensando: "Quem sou eu para falar sobre 'Ser um líder?'" Procurei lembrar-me do que ia dizer, mas só conseguia pensar que ia fracassar.

— Aí está — interrompi eu — a resposta ao seu problema. Antes de se levantar para falar, você se infringiu uma terrível derrota. Você convenceu-se de que iria falhar. É de admirar que não houvesse se saído bem? Em vez de criar coragem, você criou medo.

— "A sessão desta noite começa dentro de quatro minutos. Eis o que eu gostaria que você fizesse. Nesses quatro minutos, faça um discurso cheio de entusiasmo para si mesmo. Vá para aquele quarto vazio, lá no *hall*, e diga: 'Vou fazer uma grande palestra. Tenho algo a dizer, e que essa gente precisa ouvir'. Repita essas frases com convicção. Depois, volte para a sala de conferência e fale novamente.

Quem me dera que vocês estivessem ali para ver que diferença! Aquele rápido discurso de entusiasmo auto-administrado fez com que ele falasse esplendidamente.

Moral: pratique o auto-elogio que eleva e não o autocastigo que amesquinha.

Você é o que pensa que é. Pense mais em si e obtenha mais de si.

Faça o seu próprio anúncio "auto-estimulante". Pense um instante num dos produtos mais populares da América, a Coca-Cola. Diariamente você entra em contato, pelos olhos ou pelos ouvidos, com alguma boa-nova sobre a Coca-Cola. Os que fabricam a Coca-Cola estão continuamente estimulando-o em relação a ela, e por uma boa razão. Se eles parassem de estimulá-lo, tudo indica que você acabaria esfriando e até desprezando a Coca-Cola. E, então, as vendas diminuiriam.

Mas a companhia da Coca-Cola não vai permitir que isso aconteça. Por isso continuarão a estimulá-lo, estimulá-lo, estimulá-lo em relação à Coca-Cola.

Todos os dias, eu e você vemos indivíduos semimortos que não mais se estimulam. Perderam o respeito pelo seu mais importante produto — eles mesmos. Essas pessoas são indiferentes. Sentem-se pequenas. Sentem-se como um joão-ninguém, isso é o que são.

O indivíduo semimorto precisa estimular-se. Precisa ver que é uma pessoa da primeira classe. Tem necessidade de crer sincera e honestamente em si mesma.

(In: *A Mágica de Pensar Grande,* David J. Schwartz, Editora Record, Rio de Janeiro, 1994.)

Relógio Cartier

O objeto do desejo

Desde a época das cavernas o homem se ornamentou com objetos de ostentação e poder. Entre os muitos símbolos de grandeza, as jóias talvez sejam as mais usadas. Que o motiva a proceder assim?

A motivação que de fato motiva

Dr. Norman Vincent Peale

Vou botar esse camarada no olho da rua — rugiu um raivoso empresário. Referia-se a um vendedor de sua organização. — Ele é demasiado lerdo. Não se interessa por nada. É desatento e obtuso; na verdade, é um dorminhoco.

Retruquei com um pensamento que funcionou deveras:

— Por que, em vez de despedi-lo, você não lhe incute um pouco de ânimo?

— Como assim?

— Faça que ele se entusiasme pelo emprego que tem. Dê-lhe motivação, fomente nele uma atitude positiva.

E o meu conselho acabou por se revelar dos melhores, pois hoje em dia o meu amigo refere-se com admiração a seu antigo vendedor relapso:

— O camarada mudou mesmo. Ficou elétrico. Não posso acreditar, mas o fato é que ele tinha todas as qualidades...

Bem, a verdade é que nunca podemos saber o potencial de uma pessoa enquanto não lhe incutirmos uma motivação dinâmica e criativa. Todo ser humano pode ser aceso. Não existe pessoa da qual não se possa conseguir um desempenho mais efetivo quando se encontra aquela combinação capaz de abrir a porta e deixar sair a verdadeira personalidade do indivíduo.

Esse método de reavivar o indivíduo, conquanto severo, mostrou ser psicologicamente válido. O empresário chamou o vendedor ao seu escritório.

— Sente-se, Jim — disse-lhe. — Quero estudá-lo. Espero que você seja capaz de suportar, pois vou dizer-lhe tudo sem mais rodeios. Lamento muito, mas você é o pior vendedor que já vi! É preguiçoso; carente de ambição; carente de energia; sem imaginação. Não se importa com coisa alguma; é um tipo completamente desligado de tudo. Quer que eu viva lhe dando vales, e os pedidos que me traz nem dão para cobrir os seus saques. Mas a verdade, a verdadeira razão pela qual não está merecendo nenhum respeito, é que você tem a têmpera de um grande vendedor, mas não a emprega. Creio que você não presta para nada.

O vendedor ficou fulo de raiva. Pôs-se em pé de um salto e abateu o punho sobre a mesa do patrão:

— Que diabo! — bradou. — O senhor não pode falar comigo desta maneira! Nem sequer me conhece! — E se encaminhou para a porta: — Pode ficar com o seu emprego! Vá para o inferno!

O surpreso empregador deu um pulo, agarrou o jovem e apertou-o nos braços. — Menino, isto é ótimo! Ainda bem, ainda bem! Dentro dessa carcaça estou vendo que existe um homem. Sempre achei que você poderia ser um sujeito formidável... desde que motivado. Continue sempre assim... assim como está neste instante... e vamos em frente... você está de fato se despedindo... mas do seu antigo "eu"...

Claro que aí não está toda a história. O patrão começou a fornecer a Jim alguns livros inspiradores. Mandou-o a convenções de vendas e levou-o à convenção anual da indústria onde o colocou em contato com os melhores produtores do ramo.

Interessou o jovem numa igreja cujo ministro era um tipo dinâmico e dedicado. Isto serviu como um combustível a mais para reavivar o fogo interior do moço. O patrão fez ainda outra coisa interessante e incomum: colocou o jovem como sócio do seu clube de golfe, dizendo-lhe que ali ele travaria relações com importantes homens de negócios. E fê-lo pagar do seu bolso a jóia de entrada.

Claro que a verdadeira razão por detrás dessa atitude é que o patrão desejava que o empregado provasse o sabor da competição. O vendedor não era bom golfista, mas o patrão percebeu que tinha qualidades e fez com que o jovem disputasse algumas partidas com os melhores jogadores do clube. "Mostre-lhes com quantos paus se faz uma canoa!" Estimulado dessa forma, o jovem vendedor terminou a temporada bem classificado entre os golfistas do clube.

A estratégia funcionou. O moço adquiriu o necessário espírito competitivo; e tal sentimento motiva qualquer um para um novo tipo de vida. Ele começou a perceber dentro de si qualidades nunca antes reveladas — qualidades que, na verdade, jamais suspeitara possuir.

Seu interesse crescente converteu-se em entusiasmo. E ele de fato conseguiu algo —perante si próprio, perante a sua firma, perante as pessoas em geral. E passou a ser motivado por aquela motivação que de fato motiva. Entendeu a mensagem de que querer é poder.

Uma experiência dessas estimula a crença mais entusiástica nas potencialidades humanas. Jamais elimine alguém de cogitações. Existe sempre a possibilidade de que qualquer pessoa possa ser descoberta e venha com isso a passar pela maior de todas as experiências humanas: conhecer-se e revelar-se a si mesma. Ademais, pode ela transformar-se num outro indivíduo, num novo homem, numa nova mulher, em que as coisas antigas estarão já superadas, e no qual tudo se tornará novo e vital.

(In: *Você Pode, se Acha que Pode,* Dr. Norman Vincent Peale. Editora Cultrix, São Paulo, 1981.)

JOSÉ DE ALENCAR - Romancista, teatrólogo, crítico e político brasileiro, nascido em Macejana, Ceará. Foi também advogado e jornalista. Seu primeiro grande sucesso literário foi O *Guarani*, romance abordando tema indianista. Foi também político, elegendo-se deputado. Ocupou alguns cargos de destaque: ministro da Justiça e membro da Academia Brasileira de Letras. Desiludido com a política, passou a dedicar-se somente à Literatura. Escreveu muitos romances. A maioria deles são muito conhecidos. Entre eles encontram-se *Iracema*, *Ubirajara* e *A Pata da Gazela*. (1829-1877)

"

A razão cardeal de toda superioridade humana é, sem dúvida, a vontade. O poder nasce do querer. Sempre que um homem aplica a veemência e a perseverante energia de sua alma a um fim, ele vencerá os obstáculos, e se não atingir o alvo, fará pelo menos coisas admiráveis.

"

A natureza da motivação humana

Cecília Whitaker Bergamini

A visão simplificada do homem o tem considerado tão-somente como um ser abstraído de todo um conjunto de fatores intrínsecos; portanto, particularizantes em termos da sua própria individualidade. Esta proposição caracteriza-se apenas como uma tese genérica, portanto imprecisa e que em termos concretos não pode ser utilizada com a especificidade que se deveria ter quando é necessário compreender o verdadeiro fenômeno que é o da motivação.

Durante muito tempo, e mais freqüentemente do que se pensa, aceitou-se a visão simplista desse fenômeno tão marcadamente vital para o ser humano, deixando-se no caminho de sua verdadeira compreensão incontáveis pontos cegos e conclusões insignificantes.

Ao levar em conta todos os diferentes enfoques teóricos em voga e todas as conclusões que nasceram de pesquisas pseudocientíficas sobre o tema da motivação é que se consegue detectar sua parcialidade e insuficiência na explicação das múltiplas faces do fenômeno. Embora parciais, a bem da verdade esses diferentes enfoques devem ser cuidadosamente examinados, pois só em conjunto se conseguirá promover a indispensável abertura de horizontes do cientista comportamental.

A concepção proposta no presente trabalho aproxima-se bem mais daquelas preconizadas pelas teorias do instinto e das emoções ao tentar descrever o comportamento motivacional do ser humano.

Além do abandono da visão comportamentalista como forma de explicar a motivação, há também que se levar em conta as freqüentes imprecisões no uso inadequado de conceitos como propõe Archer. "O fato de que os motivadores e os fatores de satisfação estejam sendo usados como sinônimos não é mero problema de semântica. É um disparate acadêmico. Seja por ignorância ou intencionalidade, aquelas teorias que usam os termos motivador e fatores de satisfação como sinônimos, propagam uma fraude. A motivação vem das necessidades humanas. Na realidade, quanto mais intensamente motivada estiver uma pessoa, mais baixo será o seu nível de satisfação associado com aquelas necessidades da pessoa.

A criação do mito não teria sido necessária. Uma compreensão da verdadeira natureza da motivação mostrará que os administradores não aliciam comportamentos positivos dos seus empregados por meio de motivadores, nem os motivam, mas que os fatores de satisfação e contra-satisfação são os verdadeiros determinantes do comportamento humano positivo ou negativo. Os fatores de motivação têm um papel no comportamento, mas não da forma pela qual a literatura contemporânea leva a acreditar. Os motivadores são os energizantes do comportamento, mas eles não são o seu real determinante em termos de direção do comportamento. Uma compreensão desses principais postulados é essencial para dissipar o mito da motivação.

Autores mais avisados têm procurado entender, não mais como se motiva alguém para qualquer coisa que seja, mas sua principal preocupação parece residir, agora, em pesquisar aquilo que se pode fazer para evitar que as pessoas cheguem a se desmotivar. O trabalho de Meyer exemplifica bem esse tipo de preocupação, quando a autora afirma: "Um comportamento inconseqüente por parte daqueles que podem afetar o sucesso no trabalho; a falta de um 'feedback' construtivo; a falta de sensibilidade às necessidades do indivíduo; a falta de apoio psicológico a partir de atitudes mais efetivas; e a intromissão no espaço de trabalho já previamente definido". Todas essas observações dizem muito mais respeito à forma pela qual os indivíduos esperam ser tratados por aqueles com quem devem conviver.

É dentro desse espírito de escrúpulo em não se satisfazer com a explicação mais simples e imediatista que muito se tem procurado trabalhar sobre o tema da motivação humana, especialmente em situação de trabalho.

(In: *Motivação,* Cecília Whitaker Bergamini, Atlas, São Paulo, 1989.)

JOSEMARÍA ESCRIVÁ (de Balaguer) - Sacerdote da Igreja Católica, nascido em Barbastro, Espanha. É fundador do Opus Dei, entidade religiosa voltada para a santificação através do exercício cotidiano do trabalho profissional e do cumprimento dos deveres pessoais, familiares e sociais. Foi fundada em 1928, em Madri, e por suas características beneméritas a entidade se propagou por todo o mundo. Após a morte de Monsenhor Escrivá, ocorrida em Roma, foram-lhe atribuídos muitos milagres e curas. Em razão disso, em 1991 foi solicitada sua canonização. Ele foi beatificado pelo Papa João Paulo II, em 1992. (1902-1975)

"A verdadeira virtude não é triste nem antipática, mas amavelmente alegre. A alegria ilumina o nosso caminho da felicidade. Quero que estejas sempre contente porque a alegria é parte integrante do teu caminho."

Pense em automotivação

Tom Peters

Tom Peters é mundialmente conhecido como um dos mais importantes gurus de administração de nosso tempo. Em seu último livro — O Círculo da Inovação *—, editado no Brasil pela Editora Harbra (1998), ele nos diz que não devemos evitar o caminho para o nosso sucesso. Esse livro se consagrou como leitura obrigatória para administradores e principalmente para homens de negócios.*

Esta nossa obra — A Essência da Motivação *— estaria incompleta sem uma mensagem de Tom Peters. A seguir transcrevemos parte das páginas 180 e 181 de sua obra acima citada. Aliás, neste curtíssimo texto ele nos apresenta a essência da motivação: a automotivação.*

Automotivação é (quase) tudo o que importa!

> *Motorista:* "Então, por que você está fazendo isso?"
> *Eu:* "Porque eu disse que faria."
> *Motorista:* "A quem você disse isso?"
> *Eu:* "A mim mesma."
>
> Ffyona Campbell,
> autora, *On Foot through Africa.*

Entre 2 de abril de 1991 e 1 de setembro de 1993, a australiana Ffyona Campbell caminhou 16.088 quilômetros, da Cidade do Cabo até Tanger. Passando por selvas, desertos e por um campo minado de mais de 600 quilômetros, ela recebeu o titulo de "o maior de todos os caminhantes" de Sir Ranulph Fiennes, o lendário viajante polar.

Por que ela fez isso? Por que alguém faz "isso"? Para agradar ao chefe? Para conseguir um aumento? Para obter uma promoção? Não! Ou, ao menos, "não" é o que os melhores dos melhores diriam. Os melhores professores de primeiro grau. Os melhores violinistas. E... o maior de todos os caminhantes.

A única motivação de que vale realmente a pena falar é a AUTOMOTIVAÇÃO. Pare de reclamar da vida. Ouça Ffyona Campbell! Resgate sua vida das mãos dos... GENERAIS.

(In: *O Círculo da Inovação*, Tom Peters, Editora Harbra, São Paulo, 1998.)

MACHADO DE ASSIS - Escritor e jornalista brasileiro, nascido no Rio de Janeiro. Foi sócio-fundador da Arcádia Fluminense e presidente da Academia Brasileira de Letras. Autor de várias obras famosas, entre elas *D. Casmurro* e *Quincas Borba*. Fez algumas tentativas com poesias e peças teatrais, entretanto consagrou-se no gênero romance. Suas obras são de características realista e as mais famosas foram traduzidas para várias línguas. É considerado um dos maiores escritores do século 19. (1839-1908)

"O nosso destino é modificado pelos nossos pensamentos. Viremos a ser o que desejamos ser quando os nossos habituais pensamentos corresponderem aos nossos desejos."

Como formular perguntas que alterem as opiniões dos outros

Robert Conklin

Poderá fazer-me o favor de perder um pouco de tempo para responder a algumas perguntas, agora mesmo?

A primeira é esta: Gostaria realmente de tornar-se mais capaz de tratar com as pessoas, de convencê-las das opiniões que alimenta, de persuadi-las gentilmente a fazer o que acha necessário realizar?

Segunda pergunta: Se conseguisse tudo isso utilizando um instrumento simples que pudesse empregar pelo resto da vida, qual seria o valor desse instrumento? Quanto daria por ele?

Terceira pergunta: Seria demasiado ter de sentar-se durante quinze minutos concentrando-se? Não estaria de acordo que, sem dúvida alguma, esse investimento seria o melhor que pudesse fazer?

Quarta pergunta: Vai dispor desse tempo, agora mesmo, para tornar-se indivíduo mais bem sucedido? Vai dispor desses quinze minutos agora mesmo, para ler este capítulo e descobrir esse simples instrumento que há de torná-lo mais persuasivo em relação a outras pessoas?

Já descobriu

Já tem alguma suspeita do que será esse instrumento — do que será o mandamento seguinte da personalidade persuasiva?

Se não tem, façamos o seguinte. Vamos escrever de novo estas perguntas da seguinte maneira:

Faça o favor de ler este capítulo. Tomará quinze minutos do seu tempo. Diz respeito ao mandamento seguinte da personalidade persuasiva. Deve valer quinze minutos do seu tempo a leitura deste capítulo.

Está vendo agora?

Fizemos duas tentativas para que lesse este capítulo. Uma por meio de perguntas, a outra por simples formulação.

Qual a maneira que o fez pensar mais? Qual a mais persuasiva, mais compulsiva, que o cativou mais?

Não foi a primeira?

O mandamento

A primeira maneira utilizou o instrumento do próprio mandamento. *Perguntas!*

Aqui está, portanto, o segundo mandamento do indivíduo persuasivo:

"Empregarás o poder da pergunta para persuadir!"

A pergunta é um poder dinâmico para a persuasão por ser a alavanca do pensamento. E o pensamento guia a opinião e o comportamento das pessoas.

Não é mais persuasivo pedir que faça alguma coisa do que dizer que faça?

Não é mais lisonjeiro pedir a opinião sobre certo assunto do que dizer como deverá ser?

Não conduz melhor a acordo perguntar a alguém se concorda com alguma afirmação do que supor que a aceita?

Se vai comprar algum artigo, não acha melhor que lhe perguntem qual o que prefere em lugar de dizerem qual deve ser?

Se se detiver pensando a respeito, verificará que prefere as pessoas que fazem perguntas às que não as formulam.

Como utilizar perguntas

Há muitas maneiras de empregar perguntas hábeis para guiar a maneira de pensar de outras pessoas.

Mencionaremos três maneiras especiais. Mas reveste-se de grande importância praticar o emprego de perguntas. As pessoas gostam que lhes façam perguntas.

Desenvolva o hábito de fazer perguntas. Verificará que fica mais interessado nas opiniões e sentimentos dos outros.

Concentrando o projetor no outro

É uma das habilidades da personalidade presuasiva. Utiliza-se a pergunta para realizá-lo. O emprego deste processo de três perguntas abrir-lhe-á a porta ao poder da pergunta para persuadir.

Maneira de perguntar n.° 1:
Pergunte primeiro. Persuada depois.

Já observou como o pugilista sai do canto no primeiro assalto e dança e se esquiva e soca antes de abrir o ataque?

Ou como os atletas observam os opositores antes da competição?

Ou como os exércitos estudam os relatórios de informações secretas antes de darem combate?

Pense nos milhões de dólares que as companhias gastam em levantamentos de mercados. Pedem a opinião dos compradores sobre novos produtos antes de lançá-los ao mercado.

Essa utilização das perguntas é um dos elementos fundamentais da persuasão que dá resultado. *Pergunte antes de procurar persuadir.*

Este princípio é útil de várias maneiras. Primeiro, desperta a atenção. *Não se conseguirá nunca persuadir alguém a agir se não se despertar o interesse e prender-lhe a atenção.*

A pergunta é uma das melhores maneiras de despertar a atenção!

Qual a sua opinião? Que é que pensa a esse respeito? Quer descrever seu ponto de vista? Qual a sua impressão sobre este assunto? São excelentes meios de chamar a atenção.

Perguntar primeiro e persuadir depois leva a outra pessoa a formular primeiro o próprio caso.

(In: *O Poder da Personalidade Magnética,* Robert Conklin, Best Seller, São Paulo, 1965.)

Bill Gates

Uma das mais profundas motivações humanas é o poder. As pessoas de todas as épocas sempre foram escravas desse sentimento atávico. Ele é o motor do mundo.

Faze bem a ti mesmo, na pessoa dos outros

Huberto Rohden

Escuta, ó homem, esta grande verdade: todo mal que aos outros fazes duplamente o fazes a ti mesmo.

Para os outros, é um mal periférico — para ti mesmo é um mal central.

Para quem o sofre, é um mal extrínseco — para quem o pratica é um mal intrínseco.

Ninguém pode fazer mal ao próximo sem primeiro fazer mal a si mesmo.

Não pode deixar de ser mau quem o mal produz — mas pode ser bom quem sofre o mal.

"Não pode a árvore má produzir frutos bons — nem pode a árvore boa produzir frutos maus."

O efeito do mal é transitório no objeto que o sofre — mas é permanente no sujeito que o produz.

Não digas: "Fiz mal, arrependi-me — e é tudo como dantes" — ilusão funesta!

Pelo arrependimento, sim, foi lavada a nódoa moral — persiste, porém, na alma a mancha psíquica.

O mal, conscientemente praticado, estratificou nas profundezas do subconsciente nova camada de hábito vicioso — e deste subsolo funesto irradiam ondas mortíferas para a zona do consciente.

Todo ato mau, ainda que revogado pelo arrependimento, favorece os elementos destruidores — e desfavorece os elementos construtores dentro do homem.

Todo ato mau facilita futuras quedas e recaídas — e dificulta a ressurreição.

Todo ato mau aumenta o declive do plano inclinado que o hábito vicioso criou em tua natureza — e quem pode manter-se firme num declive escorregadio?

Por isso, meu ignoto amigo, o maior bem que a ti mesmo podes fazer é fazer bem aos outros — o bem por amor ao bem.

O amor que aos outros faz bem, faz tanto bem a ti mesmo que até te faz bom.

Por isso dizia o grande Mestre que devemos amar o próximo como a nós mesmos.

Educa-te, ó homem, a ti mesmo para o idealismo do bem.

Faze o bem por amor ao bem — dentro de ti mesmo e aos outros.

O único meio de fazeres bem aos outros e a ti mesmo é seres bom, intimamente bom.

O único meio de melhorares o mundo é praticares o Evangelho da bondade sincera, o Evangelho do amor desinteressado, o Evangelho da benquerença universal.

"Deus é amor — quem permanece no amor permanece em Deus." (S. João)

"O reino de Deus está dentro de vós." (Jesus)

(In: *De Alma para Alma,* Huberto Rohden, Editora Martin Claret, São Paulo, 1997.)

GOETHE (Johann Wolfgang) - Escritor, pintor, músico e cientista alemão. Nasceu na cidade de Frankfurt. É considerado um dos homens mais versáteis do século 18. Dedicou-se às pesquisas biológicas e botânicas. Foi também administrador do ducado de Weimar, a convite do duque daquela cidade. Em Weimar concluiu o estudo (de longos anos) a que deu o nome de *Teoria das Cores*. Sua obra mais conhecida é *Fausto*. (1749-1832)

"

Quem tem vontade firme modela o mundo a seu bel-prazer. A força que o espírito exerce sobre o nosso corpo é maravilhosa. Seja, porém, o espírito o seu senhor.

"

O que é pensamento criativo

Roger von Oech

Uma vez, perguntei a Carl Ally (o fundador da Ally & Gargano, uma das agências de publicidade mais inovadoras da Madison Avenue) o que faz uma pessoa criativa "funcionar". Ally respondeu: "O criativo quer ser um sabe-tudo, quer saber todo tipo de coisas: história antiga, matemática do século 19, técnicas modernas de produção, arranjos florais, preços do porco no mercado futuro. Porque nunca se sabe quando as informações vão se juntar para formar uma nova idéia. Pode acontecer dali a seis minutos, seis meses ou seis anos. Mas ele tem certeza de que vai acontecer".

Concordo em gênero, número e grau. Conhecimento é a matéria-prima das novas idéias. Porém, conhecimento só não basta para tornar uma pessoa criativa. Acho que todos nós já cruzamos com pessoas que sabem um monte de coisas e nem por isso coisas criativas acontecem. É que o conhecimento fica engavetado na cabeça e elas não pensam de maneira nova nas coisas que sabem. Portanto, a verdadeira chave para tornar-se criativo está no que você faz com o conhecimento que tem. O pensamento criativo supõe uma atitude, uma perspectiva, que leva a procurar idéias, a manipular conhecimento e experiência. Com essa perspectiva, você tenta diversas abordagens — primeiro uma, depois outra —, freqüentemente sem chegar a nada. Você usa idéias malucas, bobas e impraticáveis como trampolins para idéias novas e práticas. Viola normas ocasionalmente e caça idéias em locais inusitados. Em suma, ao adotar uma perspectiva criativa, você tanto se abre para novas possibilidades como para a mudança.

Um bom exemplo de alguém que agiu assim foi Johann Gutenberg. O que Gutenberg fez foi associar dois princípios independentes — a prensa de vinho e o cunho de imprimir moedas — para criar uma idéia nova. O cunho tinha por finalidade imprimir uma imagem sobre uma superfície pequena como a de uma moeda de oura A função da prensa de vinho era, e ainda é, fazer pressão sobre uma grande superfície, a fim de extrair o suco das uvas. Um dia, talvez depois de tomar um ou dois copos de vinho, Gutenberg brincou de se perguntar: "E se eu pegasse esses cunhos de moeda e colocasse vários sob pressão na prensa de vinho? Será que a imagem ficaria impressa no papel?" A combinação que resultou dai foi a prensa tipográfica e o tipo móvel. Outro exemplo é Nolan Bushnell. Em 1971, Bushnell olhou para sua televisão e pensou:

"Só ficar vendo TV não me basta. Quero jogar com ela e quero que ela me responda".

Logo depois, criava o jogo "Pong", o tênis de mesa interativo que deu início à revolução do vídeo game.

Mais outro exemplo de pessoa que fez isso: Picasso. Um dia, Picasso saiu de casa e encontrou uma bicicleta velha. Olhou um pouco para ela e, em seguida, arrancou o selim e o guidom. Depois, soldou um ao outro para formar uma cabeça de touro.

Cada exemplo desses ilustra o poder que tem a mente criativa de transformar uma coisa em outra. Mudando a perspectiva e jogando com o conhecimento e com a experiência, podemos transformar o corriqueiro em extraordinário e o inusitado em lugar-comum. Dessa maneira, prensas de vinho espremem informação, aparelhos de TV se tornam máquinas de jogar e selins de bicicleta viram cabeças de touro. O ganhador do Prêmio Nobel de Medicina, Albert Szent-Györgyi, colocou isso muito bem quando disse:

> *Descobrir consiste em olhar para o que todo mundo está vendo e pensar uma coisa diferente.*

Portanto, se quiser ser mais criativo, olhe para o que os outros vêem e "pense uma coisa diferente".

(In: *Um "TOC" na Cuca*, Roger Von Oech, Cultura, São Paulo, 1996.)

THOMAS CARLYLE — Historiador e ensaísta britânico, nasceu em Ecclefechan, Escócia. De família pobre, iniciou seus estudos numa escola local. Ingressou na Universidade de Edimburgo, onde dedicou-se à literatura e ao pensamento alemães. Foi tradutor de Goethe, Hoffman e Schiller. Seu primeiro livro de sucesso foi o romance humorístico *O Remendão Remendado* (1833). Sua principal obra é *Sobre os Heróis, o Culto do Heroísmo* e o *Heróico na História* (1841). Autor polêmico e muitas vezes contraditório, Carlyle defendia a recuperação dos valores espirituais diante do materialismo do século 19. Mais tarde tornou-se um conservador ferrenho, chegando a defender a escravidão nos Estados Unidos. (1795-1881)

“

Nos olhos e semblantes de alguns homens vi relâmpagos irradiando reflexos de regiões mais altas. E a realidade é que essa luz existe em todos os homens e que os levaria todos a uma esfera mais alta e superior, se soubessem descobri-la.

”

O papel perfeito

Kirk Douglas

Nenhum de nós gosta de ser rejeitado. A rejeição diz: "Não quero você, não gosto de você". Todos nós já nos candidatamos a empregos que não conseguimos, mas creio que esses contratempos são mais intensos para um ator, porque é você quem está sendo rejeitado. É algo pessoal.

Quando você começa, procura ficar imune a isso, mas não consegue. Dói a cada vez. Por fim, se tem sorte, torna-se astro. Aí não precisa mais submeter-se a provas. Oferecem-lhe o papel e é você quem diz sim ou não. Diz não muitas vezes porque há muitos papéis ruins. Mas de vez em quando aparece algo especial — como *Wrestling Ernest Hemingway and other lies.*

Esse roteiro chegou-me às mãos em 1993. Era a história da amizade crescente entre dois velhos tratando do crepúsculo de suas vidas. O texto tocou-me diretamente e o adorei. O papel de Frank, vagabundo vulnerável que se fazia de machão, era perfeito para mim.

Robert Duvall, bom ator, fora escolhido para o outro papel, o tímido barbeiro cubano. A diretora era Randa Haines, mais conhecida por seu filme *Filhos do silêncio.* Eu nunca trabalhara com uma diretora e aguardava com prazer essa nova experiência.

Liguei para meu agente, procurando moderar o entusiasmo.

— Esse é um papel para mim.

— É, você seria formidável, a Warner Brothers quer você..., mas... — ele começou a disfarçar.

— Então feche o contrato.

Houve uma pausa prolongada. Tudo indicava que eu teria de conhecer a diretora.

Levaram Randa Haines à minha casa. Nossa conversa foi muito boa. Falei sobre minha vida, e como eu me identificava com o personagem de Frank. Ela ficou ali sentada, ouvindo atentamente.

Quis impressioná-la mais ainda. Levantei-me e falei sobre meu pai.

— Era um camponês russo que nunca foi à escola. Queria deixar de fumar. Então, o que fez? Tinha um cigarro no bolso. Quando sentia vontade de fumar, pegava o cigarro e fitava-o: 'Quem é mais forte? Você? Eu? Eu sou mais forte'. E guardava o cigarro no bolso.

Cena brilhante. Ela sorriu.

Meu agente ligou-me no dia seguinte.

— Ela gostou muito de você, Kirk, mas... ah... — ele começou a gaguejar.

— O quê?

— Ela quer o Richard Harris.

Engoli em seco. Conhecia Richard; já tinha trabalhado com ele

— É muito bom. Mas eu sou *perfeito* para esse papel — declarei.

— Kirk, você sabe que o estúdio quer você, porém ela acha que Harris seria mais conveniente.

— Então, como ficamos ?

— Bem... — ele começou a gaguejar de novo,

mas afinal falou. O estúdio estava querendo um teste.

— Teste? — perguntei.

— Se quiser o papel terá de fazer um teste.

Aquilo era um insulto. Eu não fazia teste para um papel desde que chegara a Hollywood, em 1946. Mas fiquei pensando em como queria aquele papel. *Se acha que é tão perfeito, faça o teste,* disse para mim mesmo.

Haines deu-me várias páginas do roteiro. No dia marcado fui ao estúdio de manhã cedo. Encontrei a equipe, da qual muitos membros tinham trabalhado comigo no correr dos anos, em vários filmes. Pareceram espantar-se ao me ver fazendo teste. Constrangido, procurei disfarçar brincando com eles, mas fiquei aliviado quando Haines chegou e começamos.

Trabalhamos a manhã inteira. A cena era especialmente difícil porque eu tinha de correr de costas pela sala e minhas pobres costas e joelhos me matavam. Haines, porém, ajudou-me enquanto me dirigia e nos demos bem. No final, eu estava exausto, mas feliz. Nessa noite rezei para conseguir o papel.

Passei alguns dias sem saber de nada. Por fim, meu agente me ligou.

— E então? — perguntei.

— Ela continua querendo Richard Harris.

E Harris obteve o papel. Procurei sufocar meus sentimentos. Estava desapontado. Arrasado. Tinha vontade de chorar. Mas gosto do Richard, e escrevi-lhe um bilhete:

Caro Richard,

É um grande papel. Eu adoraria representá-lo. Mas você será magnífico.

Depois pensei: *Não seja mau perdedor,* e também escrevi um bilhete à diretora. Entretanto, sentia-me no fundo do poço da rejeição. Tinha certeza de que o filme seria um grande sucesso e tinha inveja por não participar dele. A inveja é um dos traços mesquinhos que adquirimos em nossa profissão insegura. Não nos alegramos com o sucesso dos outros — sentimos inveja.

Fiquei ansioso por assistir ao filme quando ele foi lançado. Consegui uma fita de pré-estréia, tranquei a porta de meu quarto e grudei os olhos na tela.

No entanto, assistindo ao filme, fui ficando cada vez mais intrigado. O que imaginava que seria um filme leve e animado na verdade era lento e monótono, e a história do afeto crescente entre os dois homens nunca se consolidou.

Devo estar enganado, disse comigo. *Devo estar julgando pelo modo como eu gostaria de representar o papel.* Mas várias críticas foram negativas e o filme permaneceu pouco tempo em cartaz.

Então, qual a moral de minha história? Agradeça as preces não atendidas. Deus tem senso de humor. Ele às vezes nos olha enquanto rezamos e ri. "Como hei de dizer a esse camarada que esse filme vai ser um fracasso? Como lhe dizer que o melhor que posso fazer por ele é não atender a suas orações?"

Uma coisa aprendi: Deus sempre atende a nossas preces, mas às vezes a resposta é não.

(In: *Reader's Digest/Seleções,* julho, Kirk Douglas, Rio de Janeiro, 1998.)

JORGE LUIS BORGES - Escritor, poeta e conferencista argentino. Um dos escritores mais versáteis, populares e laureados do século 20. Foi eleito presidente da Sociedade Argentina de Escritores, nomeado professor de literatura inglesa na Faculdade de Filosofia e Letras de Buenos Aires. Entre as inúmeras láureas e prêmios que recebeu, estão o título de doutor *honoris causa* da Universidade de Cuyjo (Mendonza-Argentina) e o prêmio Nacional de Literatura (Argentina). O governo francês outorgou-lhe a insígnia de *L'Ordre des Lettres et des Arts*. Seu último livro foi *Os Conjurados*. (1899-1986)

“

Numa semente estão contidas as idéias de caules, de troncos, de galhos e folhas. O universo todo é pensamento.

”

Adversidade: minha melhor amiga e a melhor motivação

Flávio De Almeida

Quem foi o melhor amigo do Japão? Foram os Estados Unidos porque o destruíram com duas bombas atômicas. O Japão, depois de rendido, foi humilhado pelas retaliações e sanções comerciais, políticas, sociais e militares. Um verdadeiro domínio escravo. Sanções tão rigorosas que impediam o Japão de manter ou desenvolver a indústria bélica e inclusive o proibiram de possuir exército.

Imagine um arquipélago vinte e três vezes menor que o Brasil. Foi destruído pela guerra, vitimado diversas vezes por vulcões, furacões, terremotos e maremotos, além de uma inflação galopante, desemprego, sem recursos minerais e vegetais para sua sobrevivência. Só restava um recurso para esta nação: **Os Recursos Humanos.** E foi investindo em educação e treinamento, que este povo de raça e coragem não precisou de mais de trinta anos para despontar como potência mundial.

Hoje, assistimos ao desespero dos americanos que ganharam a Segunda Gu` erra, mas perderam a grande guerra da corrida desenvolvimentista da tecnologia industrial. A qualidade, a redução de custos, o aumento de produtividade e a conquista do mercado internacional pela competência assustou o mundo.

Quantas pessoas devem seu sucesso ao sofrimento a que foram submetidas? Miguel De Cervantes, autor da obra-prima da literatura mundial *Dom Quixote de La Mancha*, é um deles. Cervantes preso, vivendo numa cela, sem a mínima dignidade e respeito humano, confinado à solidão e frieza do cárcere, começou a escrever sua grande obra.

Quando seus rascunhos chegaram ao conhecimento do rei, este viu o talento ali transparente. Mandou que o conduzissem até ao palácio e disse-lhe:

— Li seus escritos e acredito estar diante de um raro escriba. A partir de hoje você será transferido para uma cela decente e confortável, com todo o aparato que um escriba do seu quilate necessita para bem realizar sua obra. Cervantes não relutou em dizer-lhe:

— Muito obrigado, Majestade. Eu gostaria que não me tirasse do maior seleiro de idéias. O sofrimento do cárcere gelado tem sido minha maior musa inspiradora e motivadora.

Ludwig Von Beethoven, um dos maiores musicistas de todos os tempos, não pôde ouvir toda as músicas de sua obra. Suas últimas composições foram realizadas quando já estava surdo. Ele mordia a madeira do piano, de tal sorte que os sons eram sentidos pelos nervos dos dentes e decodificados pelos ouvidos da mente e, assim, conseguiu, de forma inédita, deixar esta genialidade para o deleite da humanidade.

Por que será que, dentre os dez países mais ricos do mundo, nove têm neve em seu território durante o inverno? Será coincidência? Não é coincidência. É apenas uma questão de sobrevivência. Durante o verão, seus habitantes trabalham duro por várias horas ao dia, para poder produzir um excedente, capaz de sustentá-los durante o inverno. A neve cobre os campos durante o rigoroso inverno e a agricultura fica totalmente inviável. Trabalhando de sol a sol, durante muito tempo, ele se torna um hábito. Habituados a trabalhar muito, quando vem o inverno eles acabam encontrando uma outra forma e local de trabalho onde estejam protegidos da neve. E, desta forma, trabalham muito, sempre, e conquistam a prosperidade.

Juscelino Kubitschek era filho de uma costureira; Abraão Lincoln, lenhador; Silvio Santos, camelô; Pelé foi vendedor de jabuticabas; Onassis catou pontas de cigarro em Buenos Aires para começar sua indústria de tabaco. Estes são alguns dos homens que devem seu sucesso às adversidades e turbulências que enfrentaram na vida.

Pare de reclamar, pare de chorar, a vida é dura para quem é mole. Pegue suas dificuldades e limitações e transforme-as em aliados. Se você quer, está determinado e motivado a realizar seu projeto de vida, ninguém poderá detê-lo. Você vai SER e TER o que quiser, vai triunfar apesar de... Você caiu, quebrou, faliu? Levante! Sacuda a poeira! Pegue suas trouxas, dê a volta por cima e siga seu caminho. Ficar aí chorando, lamentando o que você tinha ou o que você perdeu não irá ajudá-lo em nada. Chega de ser *expert* em justificativas e lamentações à espera de gente para ter piedade e compaixão de você. Pare de ficar colocando a culpa "neles". A culpa é sua! E só sua... A vida é uma escola. Não adianta se acovardar e tentar queimar etapas. Você terá de trilhar este caminho, bom ou ruim, e não poderá delegar. Esta etapa é, com certeza, pré-requisito para outras lições que o esperam. Se você fugir da raia, nada adiantará; lá na frente terá de enfrentar. Não adianta dar as costas para o problema, enfrente-o de peito aberto, com coragem, determinação e gratidão. Ele veio para ajudá-lo, mesmo que você não esteja conseguindo ver. Pode ter certeza: você ainda vai agradecer muito este seu MELHOR AMIGO e motivador.

A determinação é invencível!

Era uma vez um homem simples que...

Montou um negócio e não deu certo em 1831.
Foi derrotado na candidatura a vereador em 1832.
Fracassou em outro negócio em 1834.
A noiva faleceu em 1835.
Teve um ataque de nervos em 1836.
Foi derrotado em outra eleição em 1838.
Foi derrotado para o congresso em 1843.
Foi derrotado para o congresso em 1846.
Foi derrotado para o congresso em 1848.
Foi derrotado para o Senado em 1855.
Foi derrotado para a Vice-Presidência em 1856.
Foi derrotado para o Senado em 1858.
Foi eleito Presidente da República dos EUA em 1860.

Este Homem foi ABRAÃO LINCOLN.

(In: *Como Empreender Sem Capital*, Flávio De Almeida, I.B.E. Instituto Brasileiro de Empreendedorismo, Belo Horizonte, 1997.)

"Todos os dias, sob todos os pontos de vista, vou cada vez melhor."

Émile Coué

O bom samaritano

Lucas 10, 25-37

Um professor da Lei se levantou e, querendo pegar Jesus em contradição, perguntou:

— Mestre, o que devo fazer para conseguir a vida eterna?

Jesus respondeu:

— O que é que as Escrituras Sagradas dizem a respeito disso? E como é que você as interpreta?

O homem respondeu:

— "Ame o Senhor seu Deus com todo o coração, com toda a alma, com todas as forças e com toda a inteligência. E ame o seu próximo como você ama a você mesmo."

— A sua resposta está certa — disse Jesus. — Faça isso e você viverá.

Porém, o professor da Lei, querendo se desculpar, perguntou:

— Mas quem é o meu próximo?

Jesus respondeu:

— Um homem ia descendo de Jerusalém para Jericó. No caminho alguns ladrões o assaltaram, tiraram a sua roupa, bateram nele e o deixaram quase morto. Por acaso um sacerdote estava descendo por aquele mesmo caminho. Quando viu o homem, passou pelo outro lado da estrada. Também um levita passou por ali. Olhou e também foi embora pelo outro lado da estrada. Mas um samaritano estava viajando por aquele caminho e chegou até ali. Quando viu o homem, ficou com muita pena dele. Chegou perto e fez curativos nele, pondo azeite e vinho nas feridas. Depois disso, colocou o homem no seu próprio animal e o levou para uma pensão, onde cuidou dele. No dia seguinte, entregou duas moedas de prata ao dono da pensão, dizendo:

— Tome conta dele. Na volta, quando eu passar por aqui, pagarei o que você gastar a mais com ele.

Então Jesus perguntou ao professor da Lei:

— Na sua opinião, qual desses três foi o próximo do homem assaltado?

— Aquele que o socorreu — respondeu o professor da Lei.

— Pois vá e faça a mesma coisa — disse Jesus.

HENRY FORD - Industrial norte-americano, nascido em Greenfild Village, Michigan. Colocou o automóvel ao alcance da classe média e revolucionou o modo de vida norte-americano. Foi a grande figura propulsora do desenvolvimento vertiginoso da indústria automobilística. Seu método de produção em massa (denominado fordismo), foi imitado por outras indústrias e por outros países. É considerado o maior gênio industrial do século. (1863-1974)

"Um verdadeiro exame de todas as nossas esperiências passadas pode nos revelar o fato surpreendente de que tudo o que nos acontece é para o nosso bem."

O poder do estado

Anthony Robbins

"É a mente que faz a bondade e a maldade. Que faz a tristeza ou a felicidade, a riqueza e apobreza."

Edmund Spenser

Você já passou pela experiência de estar em maré alta, de sentir que não poderia fazer nada errado, numa época quando tudo parece andar direito? Talvez, seja numa partida de tênis, quando toda raquetada acerta a linha, ou numa reunião de negócios, onde você tem todas as respostas. Talvez, seja numa ocasião quando fica espantado ao se ver fazendo alguma coisa heróica ou dramática, que nunca pensou que pudesse fazer. Provavelmente, já passou também pela experiência oposta, num dia em que nada dá certo. Com certeza, você pode se lembrar de ocasiões em que confundiu as coisas que em geral faz com facilidade, quando todo passo está errado, cada porta trancada, quando tudo que tenta não dá certo.

O que acontece? Você é a mesma pessoa. Deveria ter os mesmos recursos à sua disposição. Então, por que consegue resultados desanimadores uma hora e resultados fabulosos em outra? Por que é que mesmo os melhores atletas têm dias em que fazem tudo certo e, em seguida, dias em que não conseguem encestar uma bola, ou marcar um ponto?

A diferença é o estado neurofisiológico em que estão. Há estados que habilitam — confiança, amor, força interior, alegria, êxtase, crença — e deixam sair grandes mananciais de poder pessoal. Há os estados paralisantes — confusão, depressão, medo, ansiedade, tristeza, frustração — que nos deixam sem poder. Todos nós entramos e saímos de bons e maus estados. Já foi a um restaurante, onde a garçonete resmunga: "O que vai querer?" É possível que tenha uma vida tão difícil que a deixa sempre assim. É mais provável que tenha tido um mau dia, atendendo a muitas mesas, talvez alguns até foram duros com ela, que não é uma pessoa má, mas que está em um terrível estado de embaraço. Se você puder mudá-lo, poderá mudar seu comportamento.

Entender estados é a chave para entender mudanças e conseguir excelência. Nosso comportamento é o resultado do estado em que estamos. Sempre fazemos o melhor que podemos com os recursos de que dispomos, mas, algumas vezes, nos encontramos em estados sem recursos. Sei que houve épocas em minha vida quando, dentro de determinado estado, fiz ou disse coisas das quais mais tarde me arrependi, ou de que me envergonhei. Talvez você também já tenha tido. É importante lembrar dessas ocasiões quando alguém nos trata com pouco-caso. Assim, você cria um sentimento de compaixão, em vez de raiva. Afinal, aqueles que vivem em casas de vidro não devem atirar pedras. Lembre-se: a garçonete e outras pessoas não têm os seus comportamentos. A chave, então, é tomar conta de nossos estados e, assim, de nossos comportamentos. O que acharia se pudesse, num estalar de dedos, ficar num estado mais dinâmico, mais cheio de recursos, um estado no qual ficaria excitado, certo do sucesso, com o corpo vibrando de energia, sua mente viva? Bem, você pode.

Quando terminar este livro, estará sabendo como se pôr em seu estado mais rico de recursos e poder, e como sair de estados empobrecedores, quando quiser. Lembre-se: a chave do poder é agir. Minha meta é compartilhar com você como usar os estados que levam à ação decisiva, congruente, assumida. Neste capítulo vamos aprender o que são estados e como trabalham. E vamos aprender por que podemos controlá-los e fazê-los trabalhar para nós.

Um estado pode ser definido como a soma de milhões de processos neurológicos acontecendo dentro de nós. Em outras palavras, a soma total de nossa experiência a qualquer tempo, em qualquer momento. A maioria de nossos estados acontecem sem qualquer direcionamento consciente de nossa parte. Vemos alguma coisa e respondemos a ela entrando num estado. Pode ser um estado rico e útil, ou um empobrecedor e limitador, mas não há muito que a maioria de nós possa fazer para controlá-lo. A diferença entre aqueles que falham em realizar suas metas na vida e aqueles que são bem-sucedidos é a diferença entre aqueles que não conseguem se pôr num estado de apoio e aqueles que, com segurança, se põem num estado que os ajuda em suas realizações.

Quase tudo que as pessoas querem é algum estado possível. Faça uma lista das coisas que quer na vida. Quer amor? Bem, amor é um estado, um sentimento ou emoção que comunicamos para nós mesmos e que sentimos dentro de nós, baseados em certos estímulos do meio. Confiança? Respeito? São coisas que criamos. Produzimos esses estados dentro de nós. Talvez você queira dinheiro. Bem, você não se interessa em ter pequenos pedaços de papel verde, enfeitados com os rostos de diversos mortos notáveis. Você quer o que o dinheiro representa para você: amor, confiança, liberdade, ou qualquer outro estado que acredite que conseguirá com a ajuda dele. Assim, a chave para o amor, a alegria, para aquele poder que o homem tem procurado há anos — a capacidade de dirigir sua vida — é a habilidade de saber como dirigir seus estados.

(In: *Poder sem Limites*, Anthony Robbins, Editora Best Seller, São Paulo, 1987.)

CHATEAUBRIAND (François René de) - Escritor romântico francês, exerceu profunda influência sobre a juventude de sua época. Nasceu em Saint-Malo, Bretanha. Foi oficial da cavalaria francesa; mais tarde iniciou carreira diplomática, chegando a ser embaixador da França em Berlim e Londres, além de ministro das Relações Exteriores. Entre suas obras detacam-se *Ensaio Sobre as Revoluções, O Gênio do Cristianismo* e a sua maior obra, *Memórias do Além-Túmulo,* síntese do pensamento do autor. (1768 - 1848)

"

Desde que um bom pensamento entra no nosso espírito, ele nos traz uma luz que nos faz ver uma quantidade de outras coisas cuja existência nem sequer imaginávamos.

"

A motivação do dinheiro

Saul W. Gellerman

Tivemos de retardar até este momento a análise detalhada da motivação do dinheiro por duas razões. A primeira é que são notavelmente reduzidos nossos conhecimentos a respeito do valor psicológico do dinheiro, a não ser alguns estudos como os de Whyte, que permitiram verificar não se tratar de um motivador tão onipotente como se supunha. A maioria dos cientistas acharam mais interessante deixar as investigações sérias a respeito de dinheiro aos economistas e aos estudiosos de folclore. A segunda é que, considerando nossos atuais conhecimentos, uma análise da ambição de dinheiro dependeria em grande parte de indícios que porventura existam nas referências ao assunto feitas nos capítulos anteriores.

De acordo com uma piada popular, "o dinheiro não é tudo, porém, está bem na frente de tudo o que venha em segundo lugar". Todavia, uma teoria sensata sobre a motivação por dinheiro tem de levar em conta que, para algumas pessoas, o dinheiro é tudo, em todas as ocasiões; para outros é tudo, às vezes, mas não sempre; e ainda há os que nunca consideram o dinheiro muito importante. Tem ainda de conciliar os fatos do dinheiro poder representar um motivador direto ou um meio de outras motivações atuarem, e ainda que o desinteresse por recompensas monetárias pode ser conseqüência direta de baixo poder aquisitivo ou um disfarce de frustrações menos materiais. Tem de considerar a contradição entre a tremenda atração pelo dinheiro em alguns casos e, em outras, a sua "irracional" incapacidade de despertar interesse. Enfim, precisa descobrir lógica em uma colcha de retalhos constituída por observações aparentemente contraditórias e extremamente controvertidas.

A característica mais evidente do dinheiro, ao ser analisada, acaba sendo a mais sutil e importante: o dinheiro é um símbolo, destituído de valor intrínseco, cuja importância depende inteiramente da possibilidade de corresponder a algo pelo qual possa ser trocado. A história mostra que o dinheiro deixa cada vez mais de ser aquilo que deve simbolizar. O abandono da moeda metálica pela moeda-papel, esta pelos cheques, estes por rolos de fita magnética, demonstra como tudo o que é capaz de atender nossas conveniências pode representar valor e, portanto, converter-se em moeda. Como meio cômodo de simbolizar preço, aplicável a qualquer mercadoria, o dinheiro tem uma função perfeitamente racional, porém, o poder peculiar que tem de motivar é resultante de sua capacidade de simbolizar qualquer outra vantagem que as pessoas sentem desejo de obter. Isto é, *o dinheiro pode representar realização, prestígio, poder ou segurança; pode representar o único companheiro em que o cínico confia, ou o diabo para o idealista.*

O dinheiro pode representar, e geralmente isso acontece, tudo o que o indivíduo considera mais importante na vida. Superposta às suas funções racionais encontra-se a poderosa função irracional de espelhar as esperanças e os temores dos que o usam. O dinheiro significa tudo o que alguém queira que represente e, por isso, corresponde à natureza do homem ambigüamente lógica e emocional. A razão das pessoas (ou dos mercados, se o leitor preferir) raramente procederam racionalmente com relação ao dinheiro é porque em toda parte este é irracional, o que acontece em virtude da humanidade ter pronunciada inclinação para projetar seus desejos mais íntimos em algum aspecto material do mundo em que vive. A atribuição de virtudes não econômicas ao dinheiro é uma versão moderna de idolatria, o que provavelmente se tornou inevitável após a utilização do dinheiro com sucesso como meio de representar valores materiais. Isso não é zombaria à importância econômica do dinheiro ou a sua utilidade como símbolo sentimental; ambas as funções são necessárias e, sem elas, é provável que o mundo teria progredido menos, e a vida nele seria mais frustradora. Todavia, enquanto não for mostrado que tanto pode representar valores materiais como sentimentais, o papel do dinheiro como fator motivacional não poderá ser compreendido.

Na verdade, se fosse perfeitamente racional e incapaz de simbolizar metas intangíveis, certamente seu poder motivador seria quase nulo. Para termos a prova disso, basta-nos olhar para as regiões subdesenvolvidas do mundo, onde as possibilidades de melhoria social e do padrão de vida parecem tão remotas, que nem esperanças existem. Aos olhos dos povos subdesenvolvidos, o dinheiro raramente é um meio de gozar maior felicidade, mas apenas um recurso destinado a permitir a troca do seu trabalho por alguns produtos simples. Quer dizer, para eles o dinheiro tem função puramente econômica. De acordo com a experiência de gerentes que trabalharam em tais países, os nativos esforçam-se apenas o suficiente para ganhar com que comprar o essencial e nada mais, embora tenham a possibilidade de ganhar salários bem maiores com facilidade. A razão é que somente quando se torna um meio seguro de se obter segurança, categoria social e outros bens intangíveis, é que o dinheiro começa a ser símbolo de tudo isso, e é somente quando lhe é atribuída essa capacidade que se converte em força motivacional importante.

(In: *Motivação e Produtividade,* Saul W. Gellerman, Edições Melhoramentos/Management Center do Brasil, São Paulo, 1976.)

GUERRA JUNQUEIRO (Abílio Manuel de) - Poeta, escritor e filósofo português, nascido em Freixo-de-Espada-à-Cinta (Trás-os-Montes). Estudou Direito na Universidade de Coimbra. Ocupou alguns cargos administrativos em cidades portuguesas. Foi deputado. Viveu algum tempo em Berna (Suíça), representando Portugal como ministro. Suas obras são caracterizadas pelo panteísmo e religiosidade. Escreveu muitas obras, principalmente em versos. Sua obra-prima é *Os Simples*, de influência realista. (1850-1923)

“

As almas têm ilusões como as aves têm asas. São elas que lhes permitem voar.

”

A metade direita do cérebro em ação: seis maneiras de despertar sua imaginação criadora

Bobbe Sommer/Mark Falstein

1. *Arranje tempo para si.* Pegue a agenda e decida qual é a melhor hora do dia para seus quinze minutos no teatro da imaginação. Marque hora para você. Cumpra o compromisso consigo mesmo como se fosse com um sócio, cliente ou amigo.

2. *Faça o possível para não ser perturbado durante a hora marcada para si próprio.* Elimine tudo o que possa distraí-lo. Tire o telefone do gancho; desligue a TV e o aparelho de som. Diga à sua família, a qualquer outra pessoa que viva com você ou aos colegas que precisa ficar completamente sozinho durante quinze minutos. Pendure um cartaz com os dizeres "Não Perturbe".

3. *Relaxe e fique tão confortável quanto possível.* Use roupas folgadas. Sente-se em um lugar ventilado para não dormir.

4. *Visualize suas imagens o mais detalhadamente possível.* Você formou sua auto-imagem atual interpretando e avaliando experiências pessoais. Procure tornar suas experiências imaginadas tão vívidas quanto as reais. Lembre-se: sua mente subconsciente não percebe a diferença. Preste atenção a detalhes de forma, cor, som e aroma para aproximar seu ambiente imaginado do real. Se você está imaginando um confronto com um colega de trabalho inconveniente, por exemplo, visualize seu local de trabalho como se o visse em uma tela de cinema. Sinta a textura da cadeira onde está sentado, sinta o cheiro do couro e do café. Veja o rosto de seu oponente. Lembre-se de uma roupa que ele costuma usar. Escute o som de sua voz. Quanto mais próximo da experiência real sua imaginação puder levá-lo, tanto mais efetivamente o subconsciente registrará as imagens que você cria.

5. *Visualize-se obtendo êxito.* Não importa de que maneira você enfrentou situações no passado. No teatro da imaginação, você vai agir e reagir da forma que sempre "achou que deveria", da forma que sempre "gostaria que tivesse sido" — da maneira como viu quando disse para si mesmo: "Da próxima vez..." Não importa se você acredita ou não que vai agir e reagir dessa forma da próxima vez em que se deparar com a situação. Basta ver-se *assim agora.* Imagine-se circulando pelo seu ambiente "como se" já tivesse atingido sua auto-imagem ideal — confiante, equilibrado, feliz, costas retas e cabeça erguida.

6. *Faça a metade direita do cérebro trabalhar para você.* A metade esquerda de seu cérebro vai intrometer-se de vez em quando com pensamentos típicos: Será que desliguei o forno? Será que já dei comida para o cachorro? Será que a copiadora estará consertada a tempo de eu conseguir as cópias do relatório de vendas? A metade esquerda do cérebro é muito parecida com HAL, o computador de *2001: Uma Odisséia no Espaço*. Acredita que tudo vai se desintegrar se não estiver sob seu controle. Diga à metade esquerda que cale a boca; você resolve os problemas dela mais tarde. Depois, faça uma opção consciente de voltar ao teatro da imaginação.

Você tem o poder de usar sua imaginação criadora para desenvolver o que há de melhor em você. É simplesmente uma questão de substituir as antigas imagens negativas que traz em sua mente subconsciente por novas imagens positivas. Sua auto-imagem atual não se baseia na "realidade", mas em como você a imagina. Lembre-se apenas de que ela se baseia inteiramente em imagens nas quais você deixou seu mecanismo automático se concentrar, e que essas imagens tanto podem ser construtivas quanto destrutivas. Por meio do aprendizado reflexivo, sua auto-imagem irá tornar-se realidade em pouco tempo.

(In: *Renove sua Vida - A Valorização da Auto-Imagem para uma vida melhor no século 21*, Bobbe Sommer / Mark Falstein. Summus Editorial, São Paulo, 1997.)

DEMÓSTENES - Orador e político ateniense. Considerado um dos melhores oradores de Atenas e o maior dentre aqueles cujas obras chegaram à atualidade. Segundo consta, sua vida foi dedicada à luta pela independência de Atenas. Foi preso mais de uma vez, porém conseguia fugir. Na última fuga refugiou-se no templo de Poseidon; contudo, cercado pelos soldados do adversário, envenenou-se para não ser preso. Entre suas obras encontram-se os discursos *Filípicas* e *Olintiantes*. (384-322 a.C.)

“

Pequenas oportunidades poderão ser o começo de grandes empreendimentos.

”

A não-violência: motivação existencial de Gandhi

Mahatma Gandhi

• A vida humana é uma série de responsabilidades; e nem sempre é fácil fazer na prática o que na teoria se enxergou como verdade.

• Há princípios eternos que não admitem compromisso, e o homem deve estar disposto a sacrificar a sua vida em defesa desses princípios.

• Não tenho a pretensão de ser perfeito; mas faço questão de me empenhar numa apaixonada busca da Verdade, que é apenas outra palavra para Deus.

• A não-violência é a lei da espécie humana, assim como a violência é a lei do bruto. O espírito jaz dormente no irracional, que não conhece outra lei senão a força. A dignidade do homem exige obediência a uma lei superior — ao poder do espírito.

• A não-violência é o artigo número um da minha fé — e é também o último artigo do meu credo.

• O auto-sacrifício de um único homem é milhões de vezes mais poderoso do que o sacrifício de um milhão de homens que morrem matando outros.

• Quando eu for incapaz de praticar o mal; quando nenhuma palavra áspera ou arrogante abalar, por um momento sequer, o meu mundo mental — só então, e não antes, a minha não-violência conquistará o coração do mundo inteiro.

• O que eu faço pode ser feito por todos, porque eu não passo de um ser mortal comum, sujeito às mesmas tentações e acessível às mesmas fraquezas dos melhores entre nós.

• Tenho sido um "jogador" durante a minha vida toda: na minha paixão por manter a minha fé na não-violência, arrisquei os maiores compromissos.

• Não fui tão dedicado à *ahimsa* como fui à Verdade; tenho posto a segunda em primeiro lugar, e a primeira em segundo.

• Um homem que professa não-violência nada pode fazer a não ser pela graça de Deus; sem ela, não teria a coragem de morrer sem ira, sem temor, sem vindita.

• O sol no céu enche o Universo todo com o seu calor vivificante; mas se alguém tentasse aproximar-se dele seria reduzido a cinzas. É o que acontece com relação à Divindade: tornamo-nos semelhantes a Deus à medida que praticamos não-violência, mas não podemos jamais tornar-nos totalmente iguais a Deus.

• Não-violência é a lei suprema. Durante meio

século de experiências, nunca enfrentei uma situação que me deixasse sem auxílio ou não tivesse remédio em termos de não-violência.

• O meu conceito de não-violência não me leva a fugir do perigo e deixar sem proteção os que me são caros. Na alternativa entre violência e fuga covarde, só posso preferir a violência à covardia. Tampouco posso recomendar não-violência a um covarde como posso convidar um cego a gozar magníficos panoramas.

• Na qualidade de covarde, que fui durante anos, eu abrigava violência; só comecei a apreciar a não-violência quando comecei a despojar-me da covardia.

• Não passo de um humilde pioneiro na ciência da não-violência; as suas ocultas profundezas me arrepiam às vezes, como arrepiam os meus companheiros de trabalho.

• O mundo não é totalmente governado pela lógica; a própria vida envolve certa espécie de violência, e a nós nos compete escolher o caminho da violência menor.

• A força de matar não é essencial para a autodefesa; devemos ter a força de morrer. Quando alguém está plenamente disposto a morrer, nem sequer lhe vem o desejo de praticar violência.

(In: *Mahatma Gandhi*, Huberto Rohden, Editora Martin Claret, São Paulo, 1998.)

EMERSON (Ralph Valdo) - Ensaísta, conferencista, filósofo e poeta norte-americano, nascido na cidade de Boston. Estudou em Harvard, com a expectativa paterna de se tornar ministro religioso. Por algum tempo Emerson exerceu a função de pastor em sua cidade natal. Contudo, uma divergência doutrinária fê-lo desistir e retirar-se da Igreja. Desenvolveu a filosofia transcendentalista, exposta em suas obras *Natureza*, *Ensaios*, *Sociedade* e *Solidão*, entre outras. Segundo consta, o transcendentalismo exerceu grande influência sobre a vida intelectual norte-americana do século 19. (1803-1882)

"Os vencedores das batalhas da vida
são homens perseverantes que,
sem se julgarem gênios,
convenceram-se de que
só pela perseverança no esforço
podem chegar ao almejado fim."

O *Nascimento de Vênus* de Botticelli é o triunfo da mais poderosa motivação do ser humano: o sexo.

MARTIN CLARET - Empresário, editor e jornalista. Nasceu na cidade de Ijuí, RS. Presta consultoria a entidades culturais e ecológicas. Na indústria do livro inovou, criando o conceito do livro-clipping. É herdeiro universal da obra literária do filósofo e educador Huberto Rohden. Está escrevendo o livro *O Infinito Jogo da Vida — Novas Tecnologias para Atualização do Potencial Humano.* (1928 -)

“

A mais importante motivação é a que vem do autoconhecimento. Quem conhece a si mesmo sabe que nada é impossível.

”

Auguste Domingues Ingres
(1780-1867)

Auguste Domingues Ingres foi um pintor de talento, intransigente e de personalidade fascinante. Por um lado, uniu-se e defrontou-se com a arte de David, de quem foi aluno; por outro, sentiu aversão total contra o romantismo combativo, e de maneira especial contra Delacroix. Entre um e outro, Ingres tornou-se um artista de grande originalidade, um autêntico inovador no campo das formas, e iniciou um caminho que de modo irreversível levará a arte do século 20 à conversão abstrata da linguagem dos signos.

Nascido em Montauban (1780), entrou na Academia de Tolosa como aluno do escultor J. P. Vigan e do pintor G. J. Roques, que o iniciou no conhecimento da obra de Rafael e no amor pela pintura antiga. Os seus estudos de pintura foram alternados com os musicais, nos quais alcançou progressos notáveis como violinista, até o ponto de estar tentado a dedicar-se a esta arte. Após os seus primeiros êxitos na Academia de Tolosa, chegou a Paris em 1797 e entrou na oficina de David, com quem terminou a sua educação artística.

Em 1799, entrou na Escola de Belas-Artes. Obteve em 1801 o "Prix de Rome", com um tema de história antiga: *Aquiles e os Embaixadores de Agamémnon*. Até 1806 dedicou-se a pintar retratos, alguns deles verdadeiras manifestações da boa pintura que Ingres virá a realizar mais tarde. Entre eles estão: *Napoleão* e os *Magníficos Retratos da Família Revière*.

Em 1806 fez a sua viagem a Roma, passando por Florença. Instalou-se na Villa Medicis e ali permaneceu os quatro anos que durou a sua bolsa.

O trabalho de Ingres foi essencialmente o de retratista, enquanto preparava as telas preceptivas para enviar a Paris. Desta época são os belos retratos de *Madame Aymon* ou *La Belle Zélie* e o de *Madame Devauçay*.

Em 1808, como trabalho obrigatório de bolsista, enviou a Paris a sua *Mulher no Banho* e também o *Édipo e a Esfinge*, que foram julgados severamente pelos senhores acadêmicos.

Em 1810, Ingres acabou a sua bolsa, mas ficou em Roma à sua custa. No ano seguinte enviou o seu último trabalho como aluno residente da academia, o seu *Júpter e Tétis*. Este prolongamento de sua etapa romana, agora sem as pressões dos seus trabalhos acadêmicos, foi de intenso trabalho e de contínuo

aumento de sua paixão pela arte. Dessa época se destaca o retrato de *Madame de Senonnes*(1814) e o retrato do *Conde Gouriev* (1821), ambos representantes de uma sociedade aristocrática e abastada.

Em 1820, Ingres mudou-se para Florença a pedido do seu amigo e escultor Bartolini. Nesta fase acentuaram-se as suas preferências pelos estudos da forma, desenvolvendo uma evolução intelectual que o levará a um classicismo mais conceitual. É nesta época que pinta o *Voto de Luís XIII* (1824), que lhe abriu as portas da fama definitiva quando, de regresso a Paris, o apresentou no Salão de 1824. Ingres recebeu, nesta altura, a cruz da Legião de Honra e foi eleito membro da Academia.

Seu *atelier* esteve aberto até 1839, data posterior ao seu regresso a Roma. Em 1826 encomendaram-lhe a *Apoteose de Homero* para o teto de uma sala do Museu, e exposto no Salão de 1827.

O seu regresso a Paris, em 1841, foi acolhido com provas de aparente conciliação pela severa crítica, com entusiasmo de seus amigos e pelo próprio rei Luís Filipe.

Daí para frente multiplicaram-se as encomendas, sobretudo os retratos, de notáveis qualidades pictóricas, poucas vezes superadas ao longo do século por outro pintor.

A Exposição Universal de Paris de 1855 significou a consagração de Ingres, já sem paliativos, frente ao seu grande "inimigo" de sempre, Delacroix.

Seu trabalho, embora escasso durante os últimos dez anos, continuou já sem sobressaltos. Destacam-se o retrato de *Madame Moitessier sentada* (1856) e o *Banho Turco* (1863), uma de suas obras mais famosas.

Última Mensagem

Martin Claret

Este livro-*clipping* é uma experiência
educacional. Ele vai além da
mensagem explícita no texto.
É um livro "vivo" e transformador.
Foi construído para, poderosamente,
reprogramar seu cérebro com informações
corretas, positivas e geradoras de ação.
O grande segredo para usá-lo com eficácia é a
aplicação da mais antiga pedagogia ensinada
pelos mestres de sabedoria de todos os tempos:
A REPETIÇÃO.
Por isto ele foi feito em formato de bolso,
superportátil, para você poder carregá-lo
por toda parte, e lê-lo com freqüência.
Leia-o, releia-o e torne a relê-lo, sempre.
Invista mais em você mesmo.
Esta é uma responsabilidade e
um dever somente seus.
Genialize-se!